森®を建てよう。

建築家が創るＨＯＰデザイン。

「森を建てよう」に込められた精神

高さ６ｍの吹抜けを持つリビングのスケール感を、タイル張りの壁面、羽目板張の天井、大型ペンダント照明などのバランスにより違和感なくまとめています。大きな開口は、採光＋採暖を実現するガラスカーテンウォールとし、地熱ヒートポンプの冷暖房とともに快適な環境も実現しました。

ハウジングオペレーションアーキテクツ（ＨＯＰ）の住まいは、無垢材をはじめとする自然素材を生かした伝統的な工法を採用しています。さらに、独自の新ＨＯＰ工法により、在来工法の２・５倍の強度と耐久性を実現しました。

私たちは「森を建てよう。」という理念を掲げ、国産材の活用により、環境問題に取り組む独自の技術を開発。あたかも「森に住まう」かのような、自然の息吹に満ちた心豊かな住まいをお届けしたいという想いが込められています。

住まう家族が生涯をかけて愛することができる、品格のある住まいを実現するため、設計から施工まで一貫した体制を整え丁寧に手づくりするのも、そうした想いの表れです。建築家と夢や憧れを語り合い、理想の空間やしつらえを見出していく。その喜びと感動を、多くのご家族と共有するため、ＨＯＰは札幌、東京、神奈川、名古屋、大阪をはじめ、全国で独自の住まいづくりを展開しています。

一級建築士事務所
アトリエアム株式会社代表取締役
ＨＯＰグループ代表取締役会長ＣＥＯ
石出和博

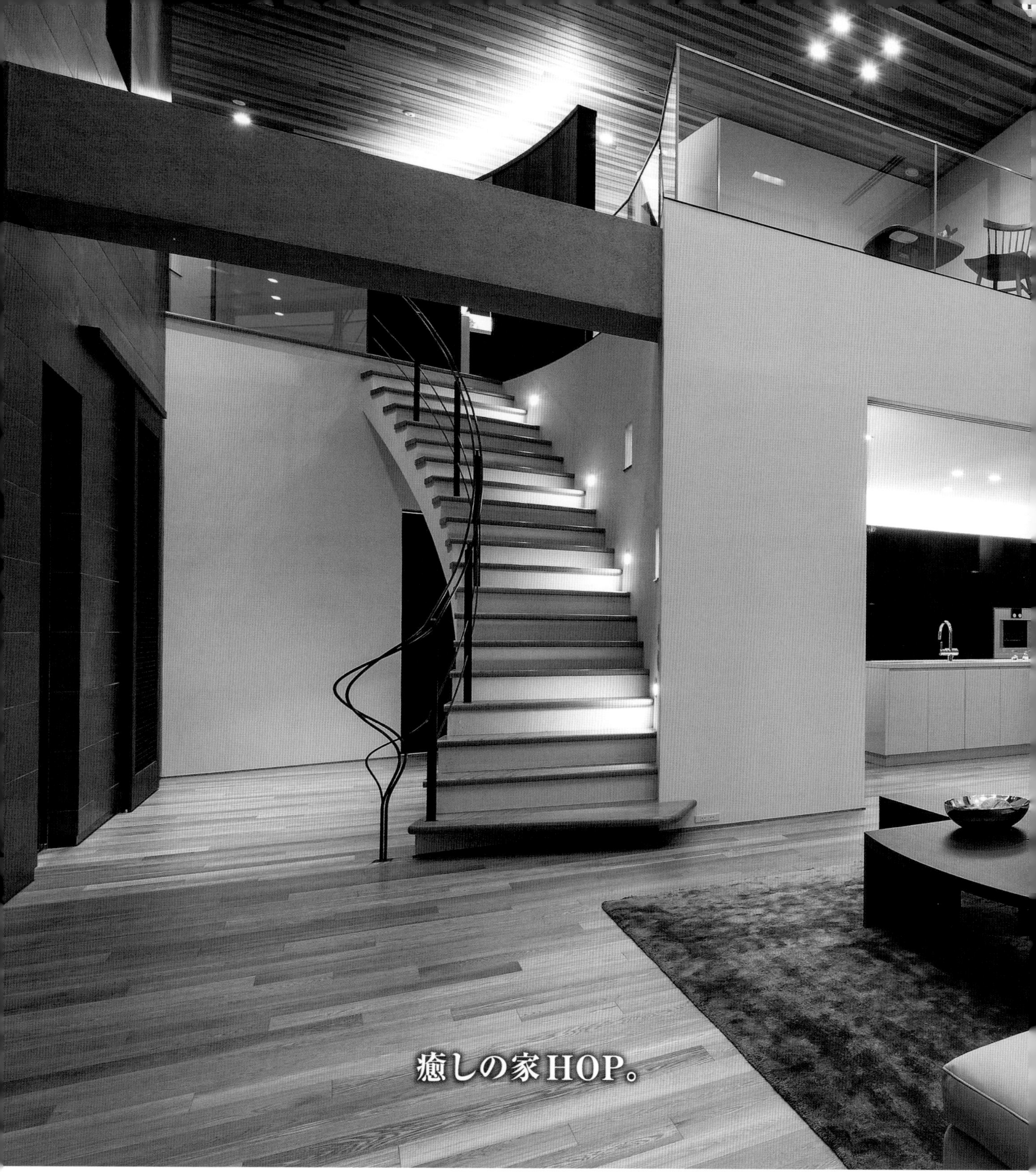

HOP作品／K邸　photo:木田 勝久

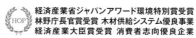

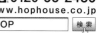

Photo／Kei Furuse

Publisher　三木 奎吾

Editor-in-chief　大成 彩

Editorial staff　Jang Mingyu / 西牧 結華 / 相澤 紗矢夏 / 小泉 麻紀子

Designers　吉家 尚 / 石崎 柊生 / ツムギデザイン

Advertising & Sales staff　津田 ますみ / 岡野 美抄子 / 中垣 智恵美 / 林 美樹 / 松岡 紗代子 / 富田 和 / 三上 純佳 / 三木 惇平 / 渡邉 真由美 / 大隅 智里

Web staff　津田 進 / 藏本 高士 / 朝倉 絵里 / 高藤 穂奈美 / 脇坂 彰汰

Writers　市村 雅代 / 悦永 弘美 / 高島 由佳 / みんなのことば舎 / 森廣 広絵

Photographers　岩浪 睦 / 大橋 泰之 / 佐々木 育弥 / 寺島 博美 / 永井 博史 / 古瀬 桂

Tracer　アイ・プロジェクト

Printed by　岩橋印刷株式会社

協賛企業 INDEX

北海道の工務店と建てる。
2023年版

Replan北海道 特別編集

おうち時間を
ぬくもりで包みこむ、
北海道リンクアップ

今、人気の家で過ごす時間が楽しくなる
さまざまな機種を取り揃えております。
ぜひお気軽にお立ち寄りください。

NEW

ホームページをリニューアルしました！
情報が見やすくなって、コンテンツもさらに充実。
薪ストーブ選びの参考にぜひご覧ください。

札幌ショールーム

札幌市中央区南1条西23丁目1-1朝日ビル1F
営業時間／10:00～17:30（土日 ～16:00）
定休日／水曜・祝日・年末年始・大型連休
TEL 011-616-6122

道内に7つの拠点を持つ「薪ストーブ日和」では、薪ストーブと暖炉の設計・施工・メンテナンスをはじめ、
薪の販売や様々なイベントを実施しています。みなさまのご来店をお待ちしております。

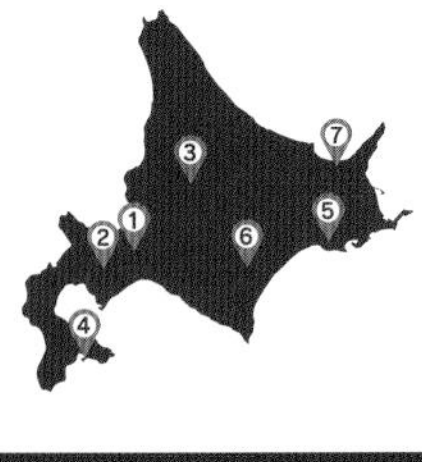

薪ストーブ日和グループは道内7店舗

SHOP / SHOWROOM

① SAPPORO　リンクアップ 札幌本店
② NISEKO　リンクアップ ニセコ支店
③ ASAHIKAWA　コンベックス
④ HAKODATE　ファイヤピット
⑤ KUSHIRO　薪ストーブ あかり
⑥ OBIHIRO　薪火屋
⑦ SHIRETOKO　夢ファクトリー知床

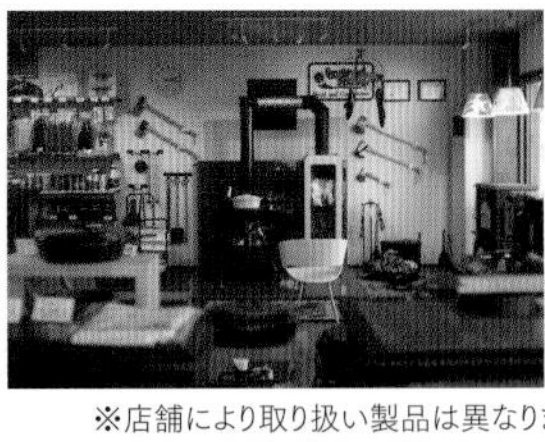

※店舗により取り扱い製品は異なります。詳しくは各店にお問い合わせください。

北海道リンクアップ
取り扱いブランド

DUTCHWEST　QUADRA-FIRE　RAIS　HARMAN　JØTUL　VERMONT CASTINGS　Dovre　NESTOR MARTIN　morsø

薪ストーブ日和

株式会社 北海道リンクアップ
https://h-linkup.co.jp

■チークボウル（サラダボウル ラージ）
メーカー：ARCHITECTMADE（アーキテクトメイド）

サイズ　：W340×H172㎜
素材　　：チーク材
価格　　：440,000円（税込）

＜問い合わせ先＞
designshop　TEL.03-5791-9790

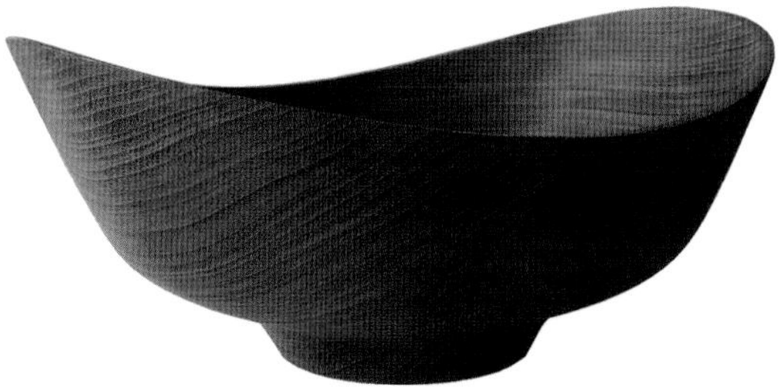

「チークボウル」

織田　憲嗣

地球規模で進行している温暖化現象は、世界各地で毎年繰り返される熱波や干ばつ、その一方で集中豪雨や台風の巨大化など気象状況の激甚化を招いている。また海水温度や水面の上昇により島しょ国はじわじわと国土が失われ、国家存亡の危機に陥る国も出始めている。北海道では、これまで漁獲できた魚種が不漁になり、暖流域の魚種が大量に漁獲されるなど、極めて身近な現象として現れている。

その原因は二酸化炭素の排出のみならず、さまざまな要因が考えられる。ひとつの原因として熱帯雨林の伐採がある。ブラジルのボルソナロ政権では、アマゾンの熱帯雨林を大規模に伐採、牧場としたほか、南米各国をはじめ東南アジアやアフリカで同様の行為が違法伐採、盗伐のかたちで行われている。そうした違法に伐採された材木は、中国をはじめ、一部は日本にも輸入されている。その結果、貴重な動植物の多様性をも損なっている。

熱帯雨林に自生する多くの樹種は、人類に多大な恩恵をもたらしてきた。そのひとつが家具や木工芸に使用される樹々である。特に熱帯雨林に自生するローズウッドやブビンガ、マホガニー、ウェンジ、パドック、タガヤサン、黒檀、紫檀、チークなど、硬く木肌の美しい樹種が多い。中でもチーク材はかつてタイ産のものがデンマークに多く輸出されてきた。その背景には、デンマーク王室とタイ王室との良好な友好関係があったことが挙げられる。しかしながら、あまりにも大きな需要は資源の枯渇を招き、一時タイからのチーク材の入手が困難になったことがあった。最近では植樹も進み、プランテーションで育成されているようだ。

チーク材はウォールナット材、マホガニー材と並ぶ3大銘木といわれる重要樹木である。その特徴は硬く、耐久性・耐水性に優れ、材としての伸縮率も小さく、加工がしやすいものだ。加工のしやすさは鉋掛けの際に逆目を感じさせず、カッティングにも向いている。しかし油分が多いため接着に難があったが、デンマークではチーク材に適した接着剤を開発、家具の分野に大きな可能性を拡げた。

今回紹介するフィン・ユールのデザインしたチーク材の美しいボウルは、かつてカイ・ボイスン工房のターナー（ろくろ細工職人）のマグネ・モンセンの手により生み出された。ユールはチークのボウルを10種類ほどデザインしたが、中でも人気のあったのが写真のラージボウルだ。無垢材の一本から削り出すため、その材の乾燥が未熟であると割れや歪みを生じるため、ボウルよりはるかに大きな木塊から削り始める。少し削っては乾燥させる工程を繰り返し、やっと完成する。大きな木塊を必要とするため、その無垢材の入手が極めて難しいのだ。

デンマークのアーキテクトメイド社から復刻されたが、材料となる練度の高いターナー探しは大変なものだった。私もモーテン社長とともに北海道の置戸町まで赴き職人の方と交渉したり、カナダのブリティッシュコロンビア州の木材輸出担当者と交渉したりしたこともある。この2つの難題をクリアしたことで、やっと50年ぶりに名作が蘇ったのだ。多くの人たちに感謝。

織田　憲嗣　おだ のりつぐ
東海大学 名誉教授／北海道・東川町 文化芸術コーディネーター
1946年高知県生まれ。大阪芸術大学卒業。百貨店の宣伝部を経てフリーのグラフィックデザイナー、イラストレーターとなる。椅子の研究は40年ほど前からライフワークとしてはじめた。サントリー奨励賞をはじめ、広告に関する26の賞を受賞。1997年にはデンマーク家具賞受賞。著書に『日本の家』（福音館書店）、『デンマークの椅子』（グリーン・アロー出版）、『ハンス・ウェグナーの椅子100』（平凡社）、『イラストレーテッド名作椅子大全』（新潮社）。また、雑誌『モダンリビング』（ハースト婦人画報社）で連載執筆中。

会社探しの前に知っておきたい！

「工務店」とは？

注文住宅の依頼先の選択肢は、大きく分けると「工務店」「建築家（設計事務所）」「ハウスメーカー」の3つがあります。今回は中でも「工務店」の主な特徴や傾向をまとめました。
家づくりの依頼先として「工務店」は自分たちが望む家づくりやライフスタイルに合ったパートナーなのか…。依頼先探しの参考にしながら読み進めてみてくださいね。

「工務店」と「大手ハウスメーカー」の違いとは?

全国規模で事業を展開する大手ハウスメーカーは、各地の住宅展示場にモデルハウスを建てています。CMなどメディアでの露出が多いこともあり、知名度の高さが安心感につながります。全国のどこでも一定の品質の住宅を提供できるよう、建物完成までの工程がシステム化されているのも大きな特徴です。施工は下請けの地元の工務店なので、施工者が建主と直接やりとりすることは基本的にありません。一定の選択肢の中から設備や建材を選んでいくため、工務店との家づくりに比べると自由度が低く、特殊なものはオプションなので、その分コストアップします。「選択の自由度は低くてもOK」「短期間で建てることを優先したい」「工業製品の安心感が大事」などの方は、ハウスメーカーを家づくりのパートナーに選ぶのも一案です。

「工務店」と「建築家(設計事務所)」の違いとは?

建築家(設計事務所)とは、主に「建築物の設計と監理」を行う専門家のこと。建築設計についての専門的かつ豊かな知識や知見を持って、住宅をプランニングし、図面や建設に必要な書類の作成・手続きなどを行います。建築家は、建主と施工会社(工務店)との橋渡し役として、工事が設計図どおりに施工されているかを第三者的立場でチェック(監理)し、建主の要望や施工者からの提案などのやりとりの窓口として家づくりを進めます(下図参照)。そのため一般的に、工務店に設計・施工をまとめて依頼するよりもやりとりに時間がかかりがちに。また建主は、家づくりに対してより主体性を求められます。

建築家との家づくり

設計・施工分離発注方式

設計は建築家と、工事は施工会社(工務店)とそれぞれ契約。建主は建築家に設計と監理(工事が設計図どおりに施工されているかのチェック)委託し、施工会社との橋渡し役も担ってもらう

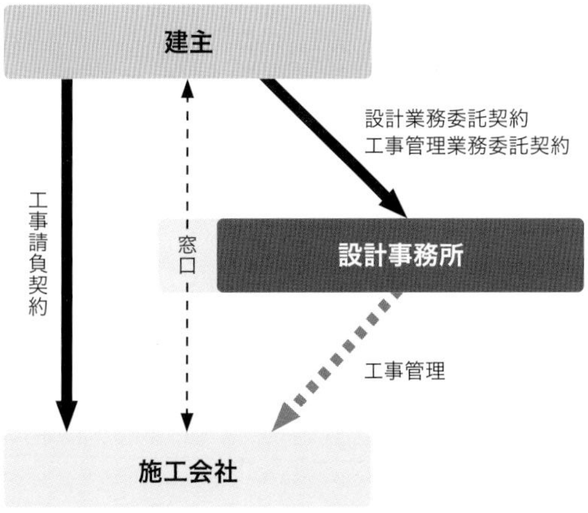

工務店との家づくりとは？

大手ハウスメーカーが台頭するまで、日本の家づくりは地域の大工さんが担っていました。「工務店」はその流れをくむもので、木造在来工法をはじめ「施工力」を大きな特徴としています。会社の規模は、家族経営や少人数のこじんまりとした会社から、複数の都市に拠点を置く中規模の企業までさまざま。大手ハウスメーカーと比べて規模が小さい分、融通や小回りが効きやすく、何かあって連絡すると、家のことを分かっている担当者が素早く対応してくれる安心感も大きな魅力の一つです。

北海道の「工務店」の主な共通項

- □ 雪や寒さ・暑さへの対策などの地域の気候特性や、敷地条件を踏まえた家づくりが得意
- □ 住宅性能に対する一定以上の知見と実績を持ち合わせている
- □ 現場を見ながら、場合により仕様を変更したり、造作を追加するなど融通が効きやすい
- □ 施主支給品の採用も含め建材や設備などの選択肢の幅が広く、家づくりの自由度が高い
- □ ある程度のコミュニケーションが必要で、家づくりに対する建主の主体性が求められる
- □ 作風や得意なテイストが個々の工務店によって異なり、選択肢の幅が広い
- □ 「道産材」を生かした家づくりに積極的に取り組む工務店が多く見られる

工務店との家づくり

設計・施工一括発注方式

工務店の担当者が建主と直接やりとりをして、プランを完成させる。その図面を各工程の職人やメーカー担当者に共有して、社内の現場担当が統括・管理をしながら工事を進行。大工は、工務店に所属している場合と外注の場合がある

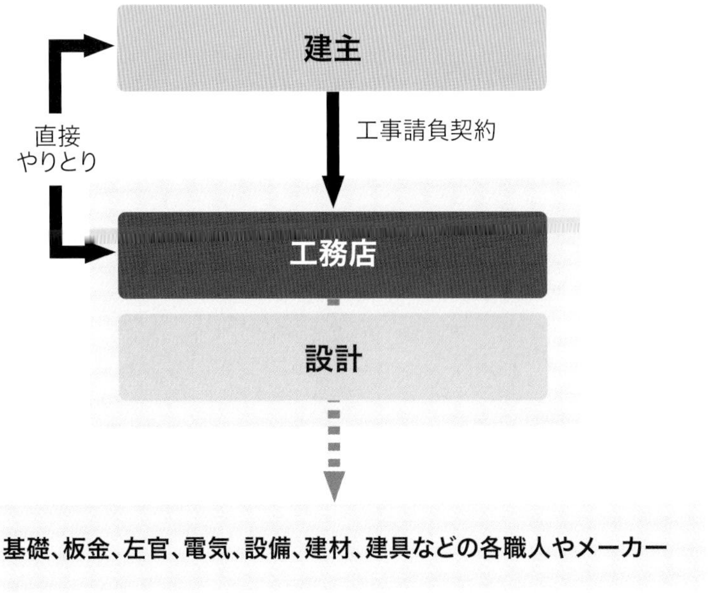

リプランが定義する「工務店」とは？

「工務店」には、地域密着で設計・施工を自社で行う会社もあれば、大手ハウスメーカーの下請けなどで施工のみを請け負う、土地を購入して建売住宅を販売する、住宅のフランチャイズに加盟して本部が開発・指導する工法や規格を使って施工するなど、さまざまな業務形態があります。リプランでは、「地域に根ざし、設計から施工までワンストップの家づくりを手がける中・小規模の建築会社」を工務店と定義しています。

北海道の工務店あれこれ

家づくりの進め方や得意分野は、会社によって異なります。どこに頼めばいいのか迷ったら、ホームページやオープンハウスなどを通じて複数社を見比べて、さまざまな角度から依頼先を検討し、判断することが大切です。

例えば、家づくりの流れ

- ☐ 土地探しから相談にのってくれる。自社で土地を所有していることもある
- ☐ 自社でモデルハウスを持っていて、家づくりの特徴を実際の建物で体感できる
- ☐ オープンハウスを定期的に開催していて、実際の住宅を見れる機会が多い
- ☐ 初めから建築士資格を持つ設計担当がヒアリングをしてプランニングを進める
- ☐ 社長自らがヒアリングからプランニングまでを行い、建主や家づくりに関する全体を把握している
- ☐ 営業担当が初めのヒアリングをして、設計・現場担当とチームで家づくりを進める

例えば、施工技術

- ☐ 住宅性能について研究熱心で、深い知識や豊富な実績がある
- ☐ 技術的に確立された断熱工法や換気・空調システムなどを採用している
- ☐ 会社専任の大工や職人が施工を手がける
- ☐ ZEHや薪ストーブなど、プラスアルファの機能を持つ住宅の施工実績が多い
- ☐ 木造軸組工法、ツーバイフォー工法など会社により得意とする工法が異なる

例えば、設計

- ☐ 土地条件を考慮した設計や意匠デザインに長けている
- ☐ ナチュラル、洋風、和モダンなど、建主の希望のテイストに合わせられる
- ☐ 豪雪や厳寒など、地域特有の気象条件を考慮したプランを提案している
- ☐ 社内に建築士資格を持つスタッフが在籍している会社もあれば、基本プランを社内で作成し、外部の専属の設計士に図面を起こしてもらう会社もある

例えば、テイスト

- ☐ 自然素材を生かしたナチュラルな雰囲気
- ☐ カントリーやインダストリアルなど方向性が明確なデザイン
- ☐ 都会的で洗練されたホテルライクな邸宅
- ☐ 居心地のいいヴィラやロッジのような佇まい

例えば、考え方

- ☐ 「道産材」をはじめ、地域由来の自然素材を積極的に活用している
- ☐ 家づくりを通して、伝統的な大工・職人の技の次代への継承に取り組んでいる
- ☐ 建主とのコミュニケーションを大切にし、こまめな連絡を心がけている
- ☐ 地域に根ざし、公共施設や店舗から個人住宅まで規模の大小を問わず設計・施工に対応

家づくり

家づくりを始める際に重要となるのがパートナー選び。住宅会社の情報はCMや広告、住宅雑誌、インターネット検索、知り合いからの口コミなど、いろいろなところから得られますが、一言で「住宅会社」といっても、会社の規模や家づくりの特徴や進め方はさまざま。自分に合ったパートナーにたどり着くためには、まず、どのような選択肢があるかを知ることが重要です。

大きな住宅展示場にモデルハウスを持ち、多数のメディアで大々的に広告している大手ハウスメーカーに比べ、地域の「工務店」は、興味はあってもなかなかその実情を把握しにくいのが現状です。そこで今回は、それぞれに特徴や強みの異なる工務店との家づくりをご紹介。工務店をパートナーに選んで建てた実例とお客様の声を通じ、その魅力を紐解きます。

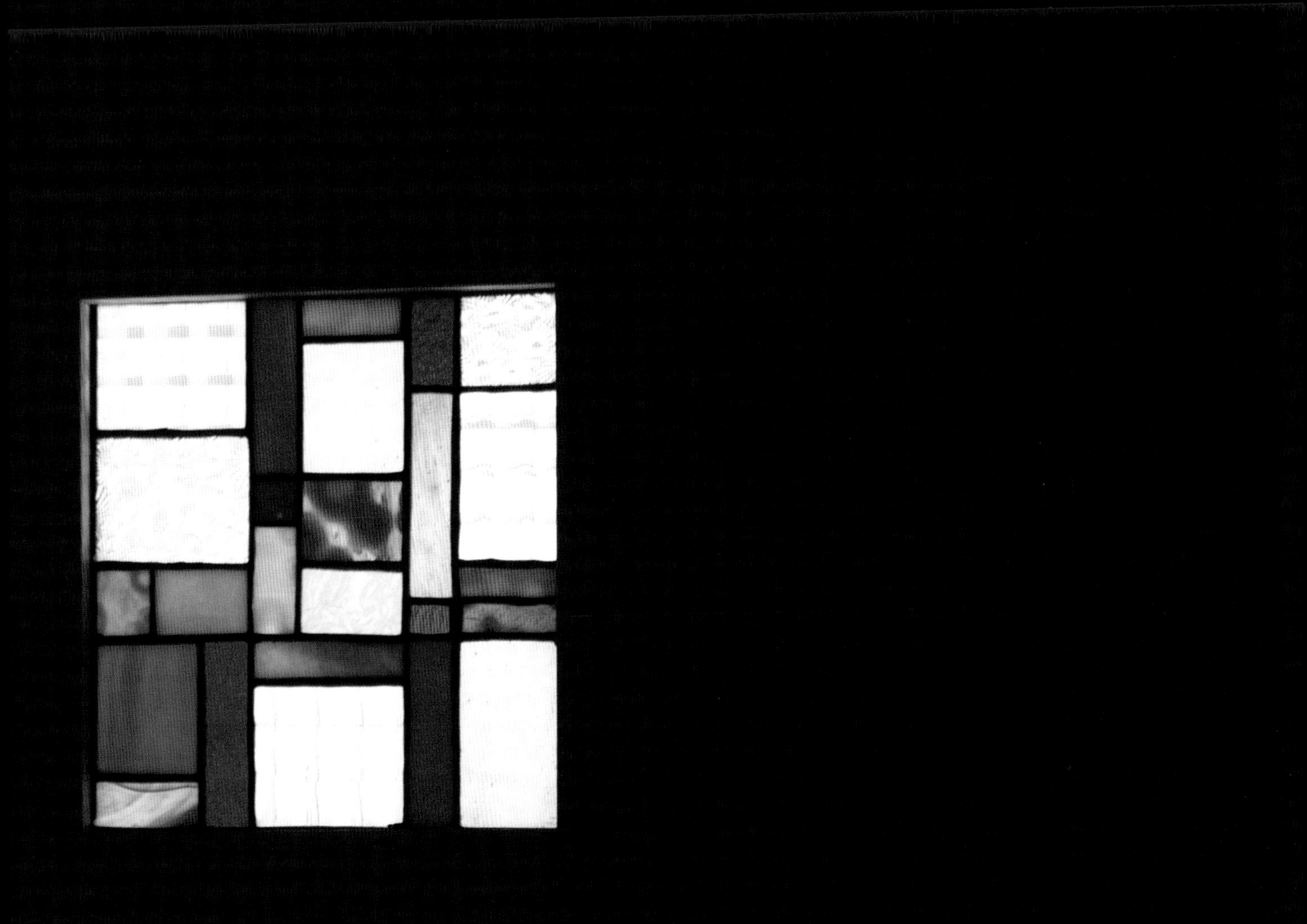

特集

工務店との STORY

工務店との家づくりSTORY 1

札幌市中央区
Iさん宅

家族構成
夫婦40代・30代、
子ども2人

設計・施工　三五工務店

遊び心のある仕掛けが散りばめられた高さの変化を楽しむ家

owner's request

・ニセコのヴィラのような雰囲気にしたい
・薪ストーブで火を眺める暮らしがしたい
・ボルダリングやすべり台がある楽しい家にしたい
・リビングとつながるウッドデッキがほしい

夏は自転車、冬はスキーにスノーボード。自然の中で身体を動かすことが好きなIさんは、家を建てるなら山に近い緑豊かな場所がいいと考えていました。入念な情報収集の末に出会ったのは、街なかに近く背景に山が見える場所。住宅に囲まれた傾斜地で、道幅の狭さなどの難点もありましたが、自然と都心を両立するロケーションに惹かれて購入を決断しました。

Iさんは過去に一度ハウスメーカーでの家づくりを検討したことがありました。その経験から、依頼先は「設計に自由度がある」工務店一択。「私はニセコのヴィラのような家に憧れがあり、周辺の緑にもよくなじむ道産材や自然素材を使った三五工務店の家は、まさに理想。設計士と直接話し合えるワンステップの家づくりも決め手になりました」と話します。

2022年5月に完成した新居は、ボルダリング壁や階段横のすべり台、中二階に設けた秘密基地のような小部屋など、遊び心満載のつくりに。敷地の高低差を活かして短い段数で上下階をリズミカルに結んだ間取りをはじめ、小上りの和室、ダウンフロアなど、床高の変化に富んだ空間も印象的です。「何でも相談できる関係性をつくってくれた設計の石塚さんのおかげで、自分たちのこだわりが反映できました」とIさん。「石塚さんは予算面も一緒に考えてくれました。要望を予算内で何とか叶えようとアイデアを絞る姿に、なんて信頼のおける人なんだろう！と感激しました」と奥さんも言葉を継ぎます。

しんしんと降る雪景色を背に室内を暖めるのは、リビングの土間に置いた薪ストーブの豊かな炎。汗だくで室内を駆け回る子どもたちの姿に目を細めながら、「大人も子どもも来たら絶対に楽しめる家ですよ」と語るIさんご夫妻です。

写真　大橋 泰之　　文　悦永 弘美

owner's request

ニセコのヴィラのような
雰囲気にしたい

グレー色のガルバリウム鋼板と質感豊かな道南スギを組み合わせ、直線的で洗練されたデザインのファ[illegible]醸す。建物は前面の道路幅を考慮してセットバックさせ、車の出し入れができる広さを確保した

owner's request

リビングとつながるウッドデッキがほしい

外のウッドデッキとフラットにつながるように、リビングはダウンフロアに。ウッドデッキにはガビオンベンチを設置して、家族や友人たちがくつろげるセカンドリビングのような場所としている

owner's request

薪ストーブで
火を眺める暮らしがしたい

リビングの一角に土間を設け、念願の薪ストーブを設置。機種はバーモンドキャスティングスの最大モデル「ディファイアント」をセレクト。大きな吹き抜けとコーナー窓のある空間に、大きな薪ストーブがちょうどよく納まり、美しい炎が悠々と楽しめる

owner's request

ボルダリングやすべり台がある
楽しい家にしたい

ボルダリング壁やロープを使って2階へ上がれたり、階段脇にすべり台があったりと、アスレチック要素や遊び心満載の空間設計も、Iさん宅の大きな魅力。子どもも大人もみんなで楽しめて、日常生活に活気が生まれる。書斎スペースには、以前の住まいで愛用していたダイニングテーブルを三五工務店に頼んでリメイクし、デスクとして再利用した

担当者より

三五工務店　石塚 亜紀彦（p21写真左）

三五工務店は北海道産の素材を大切にした家づくりを行っています。お客様の希望や想いをくみ取って、暮らしに寄り添いながらより良い提案をすることが私たちの役割です。Iさん宅の土地は傾斜地。山が見える、庭とウッドデッキをつくる、車庫を組み込むといった条件が建物の北側と南側で必然的に振り分けられ、そこで生まれた高低差を短い階段で結ぶ設計としました。住宅に囲まれた敷地ですが、周囲の視線を避けながら、山や隣家の庭を感じる窓計画で、心地よい陽の光を効果的に採り込んでいます。ボルダリング壁というアクセントがあるので、多色多素材にならないように色数を抑えて空間を整えました。遊び心のある仕掛けを随所に配した家族みんなが楽しい家になりました。

造作の二段ベッドとカウンターが並ぶ2階のフリースペースは、将来的に仕切ることもできる可変性のある設計。本棚を設けた窓際はベンチとして使えるが、子どもたちが小さいうちは、おもちゃのディスプレイコーナーとして活用中

右：水まわりは寝室のある2階に集約。「来客を気にすることなく、子どもたちの寝る支度ができてとても便利です」と奥さん
左：リビング横には、畳敷きの小上がりを配置。宿題をしたり、昼寝をしたり、ベンチがわりになったりと、暮らしのさまざまなシーンで活躍する

Data

設計　(株)三五工務店　石塚 亜紀彦・若林 賢
施工　(株)三五工務店
https://www.kk35.jp

■札幌市中央区・Iさん宅
家族構成　夫婦40・30代、子ども2人

■建築データ
構造規模　木造(在来工法)・2階建て
延床面積　181.34㎡(約54坪)
<主な外部仕上げ>　屋根/シート防水、外壁/ガルバリウム鋼板 一部道南スギ羽目板張、建具/玄関ドア:断熱ドア、窓:樹脂サッシ
<主な内部仕上げ>　床/無垢フローリング、壁/ビニールクロス 一部塗壁、天井/ビニールクロス・構造用合板・梁現し
<断熱仕様　充填断熱+付加断熱>　基礎/押出法ポリスチレンフォーム(B3)75㎜+50㎜、壁/高性能グラスウール24kg105㎜+ネオマフォーム30㎜、天井/ブローイング450㎜
<暖房方式>　床下パイピング・パネルヒーター・薪ストーブ

■工事期間　令和3年11月〜令和4年5月(約6ヵ月)

(株)三五工務店
https://www.kk35.jp
札幌市北区北34条西10丁目6-21
TEL:011-726-3535

工務店との家づくりSTORY 2

二人三脚で実現！
先々を見越した
安心・快適な平屋住宅

owner's request

- 住宅性能にこだわりたい
- 作業効率の良い対面式L字型キッチン
- 憧れの平屋にしたい
- 造作仕様の屋根付きカーポートと車庫を設けたい

岩見沢市
Kさん

家族構成
夫婦30代、
子ども2人

設計・施工　キクザワ

大学時代に建築を学んでいたKさんは、「信頼できるパートナーと一緒に、自分たちの要望をかたちにした平屋を建てたい」と考えていました。2020年、第一子の誕生を機に、本格的に家づくりを開始。「住まいの完成後もずっとお付き合いができる地域に根付いた工務店がいい」と、インターネットで依頼先を検索。パートナーに選んだのがキクザワでした。参考に見学したオープンハウスでは、玄関からドアを隔てずにつながるリビングの暖かさに、住宅性能の高さを体感。「事前に聞いていた高い数値もなるほどと納得。快適性や省エネ・省コストにつながる性能の良さは未来への投資と考えて、新築をお願いしました」と、Kさんは経緯を振り返ります。

岩見沢市内の住宅街で120坪の宅地を入手したKさんは、キクザワと一緒にプランづくりを開始。平屋を前提に、回遊動線を採用したLDKと水まわり、冬の暮らしやすさを実現する造作車庫と屋根付きカーポートなどを計画に盛り込みました。また、将来への備えとして太陽光発電パネルを設置し、EV充電ポートを装備。結果として今はもちろん、長い目で見て安心感のあるZEH仕様の住まいになりました。

2022年11月に新居が完成。Kさんは家に入った瞬間に、自然な空気感に驚いたといいます。無垢の木をふんだんに用いた塗り壁仕上げの内装はキクザワの提案。シンプルなデザインが、自然素材ならではの温かみを引き立てます。「これまでに数多くの実績がある住宅のプロの見る目や技術はさすがだなと実感しました。二人三脚で家をつくっている、そう思えるパートナーに出会えて、本当に幸せな家づくりができました」と、Kさんは満足そうに笑顔で話してくれました。

写真　寺島 博美　　文　森廣 広絵

owner's request

住宅性能にこだわりたい

「長く住み続けられる家を」と考えていたKさんの要望に、キクザワの高性能住宅はぴったりと合致。丁寧な断熱・気密施工により、真冬でも薄着で過ごせる程のほっとする暖かさが室内の隅々まで行き渡っている。太陽光発電設備は、事前に各電池のリスクや効[illegible]について詳しい説明も受けた上で判断し、導入を決めた。「これからの発電量が楽しみです」とKさん

owner's request

作業効率の良い
対面式L字型キッチン

オープンな対面式キッチンは、奥さんのこだわりを詰め込んだ空間。作業性を重視し、L字の短辺にシンク、長辺に作業スペースとIHを配置。のれんの奥は、ユーティリティへの通路を兼ねたパントリーになっている。キッチンと通路を挟んで向かいにはダイニング。その隣に、レッドシダーの壁で緩やかに間仕切りした広いワークスペースを設けた

owner's request

憧れの平屋にしたい

Kさんは建築家、坂 茂さん設計の「三日月の家」に憧れ、「マイホームは平屋」と心に決めていたそう。平屋ならではの床面積を利用して、キッチン裏手のユーティリティと造作の洗面台、ウォークスルークローゼット、寝室をまっすぐにつなぐ裏動線を実現した

owner's request

造作仕様の屋根付き
カーポートと車庫を設けたい

建物と一体型のデザインで造作した屋根付きカーポートと車庫は、Kさんが憧れていたことの一つ。冬の暮らしやすさを叶えるとともに、外からの視線を遮る役割も果たす。庭側は窓があり、暖かな時期にはBBQやDIYの作業場としても活用する予定

写真提供 (株)キクザワ

担当者より

(株)キクザワ　菊澤 久志さん

一番最初にプラン依頼をいただいたとき、平屋で、家とアプローチ一体型のカーポートがあること。そして、できれば車庫が欲しいとお聞きしました。その希望が自宅と似ていたことがきっかけで「ぜひ設計してみたい」と、自分自身も楽しんでプランニングに臨めたように思います。間取りは平屋のため工夫が必要でしたが、長くお使いいただけるよう、年齢を重ねてからの住みやすさも大切に考えました。建築中はご夫妻の温厚な人柄に助けられ、信じて任せていただけたことも多く、施工側の考えも安心して提案できました。結果、本当に素敵な一棟に仕上がったと感じています。お引き渡しからがまた新たな始まり。これからも地域の工務店としてKさんご家族の頼れるパートナーで在り続けたいと願っています。

上：Kさんの要望で、トイレはリビング側と寝室側の2ヵ所に設置。写真はリビング側で、来客用も兼ねる。朝の忙しい時間帯を家族がストレスなく使える

右：玄関は3方向へアクセスできる設計で、土間続きにシューズクローゼットを配した。玄関ホールには手洗い場を造作。深いブルーが美しい陶器タイルが、ナチュラルな木と塗り壁仕上げの空間をさりげなく彩る

寝室は、奥さんが好きなネイビーをアクセントカラーとし、落ち着いた雰囲気に仕上げた。レッドシダーのヘッドボードは間接照明を組み込んだ造作。優しい明かりが安らぎのひとときを演出する

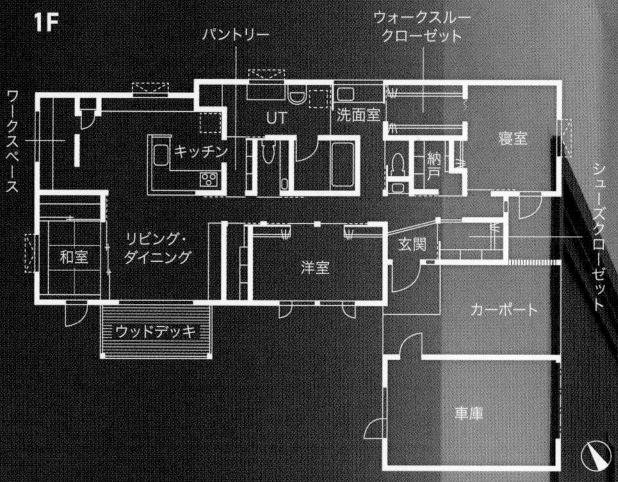

Data

設計　(株)キクザワ　菊澤 久志
施工　(株)キクザワ
https://www.kikuzawa.co.jp

■岩見沢市・Kさん宅
家族構成　夫婦30代、子ども2人

■建築データ
構造規模　木造(枠組壁工法)・平屋建て
延床面積　162.63㎡(約49坪)(車庫含む)
<主な外部仕上げ>　屋根/ガルバリウム鋼板、外壁/金属系サイディング一部道南スギ板張、建具/玄関ドア:YKK AP 断熱ドア イノベストD50、窓:YKK AP 樹脂サッシ APW430
<主な内部仕上げ>　床/無垢突板フローリング、壁・天井/塗壁(ケンコート)
<断熱仕様　充填断熱+付加断熱>　基礎/ビーズ法ポリスチレンフォーム1号120㎜、土間下/ビーズ法ポリスチレンフォーム1号60㎜、壁/高性能グラスウール20kg140㎜+フェノールフォーム断熱材1種2号EII(ネオマゼウス)45㎜、天井/ロックウールブローイング25kg500㎜、屋根/高性能グラスウール20kg140㎜+89㎜+140㎜
<断熱・気密性能>　U_A値:0.16W/㎡K、C値:0.16㎠/㎡
<暖房方式>　床下放熱器・パネルヒーター

■工事期間　令和4年6月〜9月(約3ヵ月)

(株)キクザワ

https://www.kikuzawa.co.jp

恵庭市黄金中央2丁目3-15
TEL:0123-32-2440
E-mail:home3@kikuzawa.co.jp

工務店との家づくりSTORY

旭川市
Aさん

家族構成
夫婦30代、
子ども1人

3

設計・施工　芦野組

家族の気配と薪火が
暮らしを温める
共働きの住まい

owner's request

- どこにいても家族の気配が感じられるように
- 薪ストーブのある暮らしがしたい
- 家事がしやすい生活動線
- 母がつくったステンドグラスを取り入れたい

結婚から9年。賃貸住まいをしていたAさんご夫妻でしたが、ちょうどマイホームを考え始めた頃に、両親が芦野組に依頼して実家を減築リノベーションしました。「自然素材が気持ち良くて、広い玄関土間に薪ストーブがあって、僕たちの理想そのままの家でした」と、Aさんは本格的に新築を検討し始めたきっかけを話します。

ご夫妻はさっそく、芦野組に実家の空間プランをベースとした新居の設計を依頼。勤務体系がまったく異なる共働きで、毎日慌ただしいからこそ、別々の部屋にいても家族の気配が感じられてホッとするような家にしたいと要望を伝えました。芦野組はご夫妻と入念な打ち合わせを重ね、お子さんの成長とともに変化する暮らし方までを見通し、プランを作成。また、薪ストーブの豊富な施工経験から、予算とこの住宅の間取りや広さに最適な機種を提案しました。

完成したのは、内外に道産材を生かした木の温もりあふれる住まい。屋根なりの勾配天井がダイナミックなLDKは、吹き抜けを介して2階ホールとつながり、家族がどこにいても互いの気配が感じられます。「母が手づくりしたステンドグラスは、建具や表札、照明に生かせました。施工中もき め細かな提案や柔軟な対応をしていただき、とても安心でした」と、Aさんは振り返ります。

家づくりの要になった薪ストーブは、LDKとフラットにつながるタイル敷きの土間に設置。家族それぞれの居場所から薪火が眺められ、まさに暮らしの中心に薪ストーブのある住まいです。「僕らが『こうありたい』と願った暮らしへの想いが隅々までかたちになっていて、どこを探しても不満や後悔はありません」とAさん。心も体も温まる納得の新居となりました。

写真　佐々木 育弥　　文　森廣 広絵

owner's request

どこにいても家族の気配を
感じられるように

1階のLDKと2階のフリースペースは吹き抜けでつながり、家族の気配がそこはかとなく伝わる。手すりは空間全体の抜け感を重視して、アイアン製の特注品を採用した。[illegible]んのお気に入り。フリースペースの一角には、スタディコーナーを設けた

owner's request

薪ストーブのある暮らしがしたい

薪ストーブを据えた土間は、ウッドデッキを介して庭へ出られ、薪の搬入もスムーズ。「AGNI」はクッキングストーブとしても優秀で、煮込み料理をはじめ、蒸し料理や炒め物、炉内を活用したオーブン料理もできる。料理好きのAさんは「今度は何をつくろう?」と休日を心待ちにしているそう

owner's request

家事がしやすい生活動線

共働きで日々忙しいご夫妻がスムーズに家事を済ませられるよう、生活動線に配慮。キッチンのすぐ隣にウォークインクローゼットと寝室、玄関からLDKへの廊下を挟んで向かい側に水まわりをレイアウトして、回遊できる設計とした

owner's request

母がつくったステンドグラスを取り入れたい

Aさんのお母さんが製作したステンドグラスを取り入れて、玄関の表札やトイレの建具を造作した。またダイニング・キッチンに付けたペンダントライトも作品の一つで、こうした好みや希望のアイテムを取り入れられる柔軟さも、注文住宅ならではの魅力

担当者より

(株)芦野組　芦野 隆治

Aさん宅は、大きな吹き抜けで1階と2階をつなぎ、ご家族が互いの気配が感じられるように、また子育て後は1階だけでも生活できるプランを提案しました。一年を通して快適に過ごせるよう、300㎜断熱を採用した当社の最高レベルの住宅性能を備えているのも大きな特徴です。薪ストーブは、国産の鋳物ストーブ「AGNI」をおすすめしました。針葉樹の薪も焚ける機種で、樹種を気にせずに薪火のある暮らしを楽しめます。調理の熱源としても重宝するので、料理好きなご夫妻のためにキッチンとストーブを短い動線でつなぎ、日常的に使いやすいよう配慮しました。雪深く寒さの厳しい旭川ですが、冬が楽しみになる住まいになったようで嬉しいですね。

カラマツ板張りの外観。大きく張り出した軒とストーブの煙突が、木の温もりあふれる外観のアクセントに

上：段違いの屋根形状から生まれた2つの吹き抜けが、各階に開放感とつながりをもたらす。
右：ナラ材とタイルのコーディネートが個性を感じさせる造作の洗面台。収納スペースも十分で機能的

2F

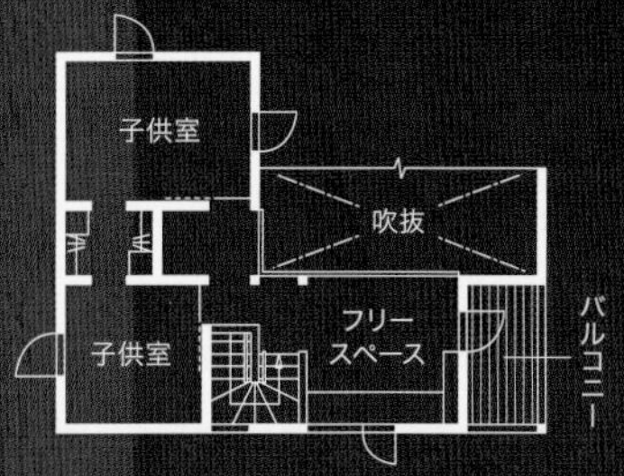

1F

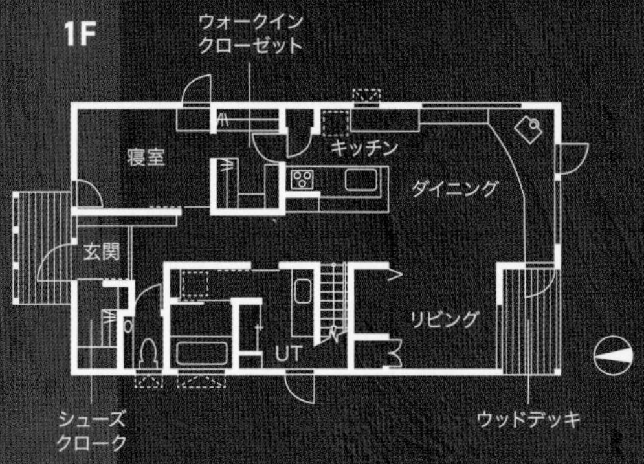

Data

設計　(株)芦野組　芦野 隆治
施工　(株)芦野組
https://ashino.bz

■旭川市・Aさん宅
家族構成　夫婦30代、子ども1人

■建築データ
構造規模　木造(新在来工法)・2階建て
延床面積　118.39㎡(約35坪)

<主な外部仕上げ>　屋根/アスファルトシングル、外壁/カラマツ板張、建具/玄関ドア:木製断熱ドア、窓:樹脂サッシ
<主な内部仕上げ>　床/1F:ナラ無垢フローリング、2F:カエデユニフローリング、壁・天井/珪藻土 一部クロス
<断熱仕様　充填断熱+付加断熱>　基礎/ビーズ法ポリスチレンフォーム180㎜、土間下/ビーズ法ポリスチレンフォーム50㎜、壁/高性能グラスウール16kg105㎜+210㎜、天井/吹込ロックウール391㎜
<暖房方式>　セントラルヒーティング・薪ストーブ
<断熱・気密性能>　U_A値:0.23W/㎡K、C値:0.24cm^2/㎡

■工事期間　令和2年10月〜令和3年4月(約6ヵ月)

(株)芦野組
https://ashino.bz
旭川市旭神町28-106
TEL:0166-65-7087
E-mail:ashino@basil.ocn.ne.jp

工務店との家づくりSTORY

札幌市中央区
Kさん

家族構成
夫婦40・30代、
子ども3人

4

設計・施工　STARR WEDGE

意匠と性能を両立させた
リゾート感あふれる
都市型スタイリッシュ住宅

owner's request

- 子どもと楽しく過ごせる家にしたい
- トレーニングルームをつくりたい
- 目指したのは暖かく、地震に強い家
- デザイン性と同じくらい、家事効率の良さも大切にしたい

札幌で古くから緑豊かな住宅地として親しまれてきた中央区の高台地区。その一角、雑木林が背後に迫る宅地をＫさんが入手したのは、5年前のことでした。新築依頼先を検討していたご夫妻は、スター・ウェッジのオープンハウスの広告を見つけました。「見学した住宅のセンスがとにかく抜群で、探し物を見つけた気分でした」とＫさん。

Ｋさんが購入した宅地は、前面道路から奥へ向かって最大２ｍほど高低差がある傾斜地でした。スター・ウェッジはそのメリット、デメリットを説明してくれたうえで、建築コストが圧縮できると土地なりの設計プランを提案。「暮らしの中心となる2階フロア部分は、より具体的にイメージできるよう30分の1の模型もつくってくれました。自分たちの要望がかたちになっていく様子を目の当たりにし、きめ細かな心遣いに、改めてお願いして良かったと思いました」と、Ｋさんはプラン時を振り返って語ります。

２０１９年1月、敷地に寄り添うように建てられた住まいは4層のフロア構成。ＬＤＫを設けた2階には、雑木林を望むカーテンウォールが設けられました。「窓が大きいのに、冬も暖かくて快適。ロードヒーティングも稼働していますが、ランニングコストは想定より少なく、デザインと性能がしっかり両立していることが実感できました」と、奥さんは話します。

新居にはセカンドリビング、タイル使いが美しい造作バスルームと洗面室、モダンなインテリアに溶け込むアイランドキッチン、トレーニングルームなど、ご夫妻の要望がすべて取り入れられています。「プラン時に予算配分についても分かりやすく説明してくれたので、納得がいくまで夫婦で考え、後悔のない住まいができました」と、Ｋさんは笑顔で話してくれました。

写真　古瀬 桂　　文　森廣 広絵

owner's request

子どもと楽しく過ごせる家にしたい

右：リゾートホテルのような、タイル仕上げの造作バスルーム。「入浴も子どもと一緒にゆったり楽しみたい」というKさんの要望を反映し、浴室や脱衣室のスペースを広く取った

左：120坪というゆとりある敷地と恵まれたロケーションを生かして、家族でくつろげる庭も施工。「夏は野菜づくりやバーベキュー、冬はかまくらづくりとそり遊び。戸建てに住み替え、庭を整えたことで、子どもと過ごすおうち時間が楽しくなりました」（奥さん）

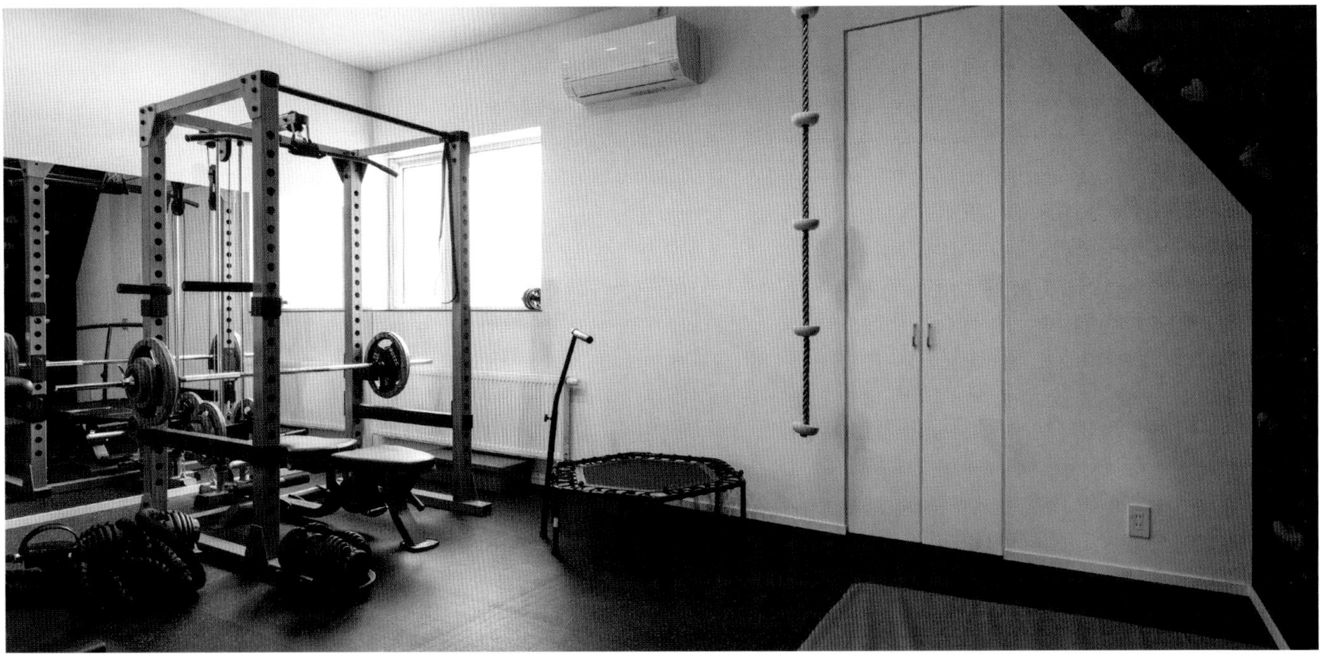

owner's request

トレーニングルームをつくりたい

「自宅で体を鍛えたい」というKさんの要望でトレーニングルームをつくった。Kさんが通っていたジムと同じマシーン、衝撃を吸収する専用床材を採用。トレーニング中、子どもたちも傍らで遊べるよう、ボルダリングの壁やトランポリンなども備えた

owner's request

目指したのは暖かく、地震に強い家

右：建物は庭に面して大きく開き、家の内外の一体化を図った。2階のダイニング・キッチンに隣接して、深い庇を設えたテラスを配置。深い庇は夏の暑い陽射しを遮り、冬は暖かな光を呼び込む役割を果たす
左：タイルとガラスを用い、直線的なラインで整えた硬質で都会的なファサード。プライバシーを守るため、公道側の開口は最小限に抑えた

owner's request

デザイン性と同じくらい
家事効率の良さも
大切にしたい

右：リビングに隣接し、家族共用の大型ウォークインクローゼットをレイアウト。動線はそのままユーティリティ、脱衣室につながり、脱ぐ・洗う・干す・しまうまでの家事が最短の動線で行える。「子どもがまだ小さくて洗濯の回数も多いので、とても助かっています」（奥さん）
左：スター・ウェッジの提案で、調理の油煙がリビングに流れないようにキッチンのIHクッキングヒーターは壁付けに。キッチンの突き当たりは、Kさんが要望した書斎。家族の気配を感じながら、持ち帰った仕事や読書ができる

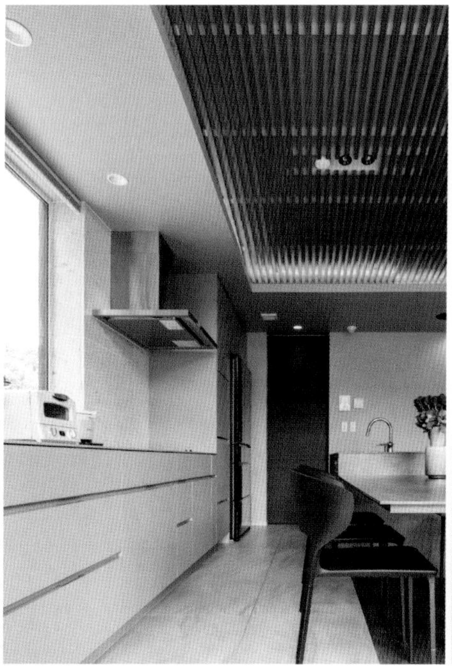

担当者より

（株）STARR WEDGE　工藤 健悟（p39写真右）

家づくりで最も大切にしているのは、お客様と一緒につくりあげていくこと。お客様のご要望に耳を傾け、デザインとスペックの両面から設計することを心がけています。Kさんの住まいづくりでは、敷地の傾斜に合わせて基礎高を変え、土地に根ざした設計を心がけました。また、裏手に広がる雑木林の緑を最大限に生かすため、カーテンウォールを採用。庇で日射をコントロールしながら一年中、豊かな立地環境、自然の光を暮らしの中で楽しめる内と外が一体となった住まいに仕上げました。また、Kさんが望んだ高い耐震性と高い断熱性もオーダーメイドで実現しています。

上：スキップ階段を下りると、庭へ直接アクセスできる。出入り口には、庭遊びの水場としても使える手洗い場を備える
右：Kさんが子ども時代に好きだった実家のペントハウスをイメージしたセカンドリビング。吹き抜けに浮くように設えながら、グランドピアノの荷重にも耐えられる頑強な構造を別途採用した

上：ダークトーンのアイランド型キッチンはキッチンハウス製。シンクには、奥さんの要望でディスポーザーも設置。横付けにしたダイニングテーブルと椅子も、キッチンになじむ色とデザインを選んだ。キッチンから庭を望むバルコニーへもすぐ出ることができるので、家事をしている間も子どもたちの様子に目が届く
左：「広く開放的に」という要望を反映した玄関。ご夫妻が「家具ショップで見て気に入った」というシックな天然石タイルを張った壁の裏側には、大型シューズクロークがある。スケルトン階段を上ればLDK、スキップ階段を下りるとトレーニングルームや客間などにつながっている

Data

設計　(株)STARR WEDGE　工藤 健悟
施工　(株)STARR WEDGE
https://www.starr-wedge.co.jp

■札幌市中央区・Kさん宅
家族構成　夫婦40・30代、子ども3人

■建築データ
構造規模　木造(在来工法)・2階建て
延床面積　273.69㎡(約82坪)(ガレージ含む)
<主な外部仕上げ>　屋根/ガルバリウム鋼板、外壁/ジョリパッド吹付 一部タイル張、建具/玄関ドア:木製ドア、窓:樹脂サッシ 一部木製サッシ
<主な内部仕上げ>　床/フローリング、壁/クロス、天井/クロス 一部木製ルーバー
<断熱仕様　充填断熱+付加断熱>　基礎/A種押出法ポリスチレンフォーム保温版25㎜、床下/グラスウール16kg105㎜+FP板30㎜、壁/グラスウール16kg105㎜+グラスウール32kg45㎜
<暖房方式>　床暖房・パネルヒーター

■工事期間　平成30年7月〜令和元年12月(約6ヵ月)

(株)STARR WEDGE
https://www.starr-wedge.co.jp
札幌市中央区南9条西20丁目1-37
0120-978-051
E-mail:info@starr-wedge.co.jp

どのライフステージにおいても
一番の居心地をもたらす
変形土地を無駄なく活用した家

owner's request

- 家事デスクがほしい
- 娘がピアノを弾いている姿をキッチンから見たい
- 寝室を1階にしたい
- 脱衣所と洗面所を分けたい

工務店との家づくりSTORY

伊達市
Kさん宅

家族構成
夫婦40代、
子ども1人

5

リスや鳥の姿を見ることもしばしばという場所ながら大型商業施設が徒歩圏内、と利便性にも優れるKさん宅。希望していた条件の土地が見つかったことから、家づくりを本格的に考えはじめました。

設計を担当したSUDOホームの工藤啓一さんを悩ませたのが、変形五角形の土地の有効活用と目の前の道路からの視線の遮り方です。解決策としたのが逆「へ」の字型の家。リビングと道路が垂直にならないよう角度をつけ、その上で塀も据え道路からの視線をそらしました。道路側に置かれた物置は目隠しを兼ね、さらに庭と駐車スペースの境としても収まり良く機能的。言われなければ変形地だと気が付かないほどです。

年齢を重ねた後のことを考え寝室は1階に、というご夫妻の希望を聞き取り、平屋ベースとしたKさん宅。道産ニレ材の無垢フローリングや、珪藻土入塗壁など自然素材を使ったSUDOホームらしい家の中には隣地の木々を借景として取り込み、冬の休日には暖炉の炎が心身を温めます。Kさんは当初カーポートやガレージも希望していましたが、そのスペースを諦めても、そして小さくてもいいからとご夫妻で希望したのが和室です。完成当時まだ小さかった子どもの友達が遊びに来たときや、遠方からの来客用に利用し、洗濯物を干したり、時には家族が気分を変えて寝てみたりと、プラスαの役割を果たしています。

完成から5年が経ち、子どもの成長とともに家族の家での過ごし方も変わりつつあります。気が付けば3人が別の場所でくつろいでいることも。家を建てる際にいろいろな希望はありましたが、それらはすべて「自分たちが住んで一番いいと思える状態」にすることだったとKさんご夫妻は振り返ります。希望を聞き取り、さらにその先を考えた設計で、どのライフステージにあっても居心地のいい家となりました。

設計　SUDO設計　　施工　SUDOホーム

写真　古瀬 桂　　文　市村 雅代

owner's request

家事デスクがほしい

学校からのプリントなどを整理できる場所として奥さんが希望。デスク前の壁にはマグネットが使えるホーローの内装材を採用。パネルヒーターがゆるやかにダイニングとスペースを分ける

owner's request

娘がピアノを弾いている姿を
キッチンから見たい

娘さんのピアノの練習を見るときのために、ピアノを壁でコの字型で囲うのではなく左右どちらかを開けたいという希望に沿って、階段下を利用し実現した

owner's request

寝室を1階にしたい

年齢を重ねてからのことを考え寝室は1階にしたいというご夫妻の希望を受け、1階の配置を玄関→リビング・ダイニング→キッチン→寝室とすることで、キッチンより奥はプライベートというゾーニングにつながった

owner's request

脱衣所と洗面所を分けたい

上：明かり採りの窓のおかげで日中は照明なしでも明るい洗面台。モザイクタイルは1、2階のトイレですべて別柄を採用

左：洗濯物や日常のこまごまとしたものは脱衣所にまとめ、洗面所はすっきりと。来客に遠慮なく洗面所を使ってもらえるようになった

担当者より

SUDOホーム（須藤建設）　工藤 啓一（p45写真左）

「寝室は1階に」という希望があったので、平屋ベースで設計しました。玄関から入ってキッチンとリビングのどちらを手前にするかで悩みましたが、これも寝室が1階であることを踏まえ、玄関→リビング・ダイニング→キッチン→寝室の順に。完成当時まだ小さかった娘さんのお友達にもキッチンより奥はプライベートゾーンと分かりやすかったようです。長く快適に暮らすために「本物の木」を使うなど経年しても古びないのがSUDOホームの家の特徴ですが、その土地がずっと暮らしていく場所であるという前提も大切にしています。Kさん宅は変形Y字路の角地にあるため、地域の人の往来や景観など、建てた後のことも配慮し設計しました。

上：書斎と吹き抜け。家族が各部屋にいるときもドアを開けていることが多く、この吹き抜けから気配を感じることができる
下：娘さんの希望でうんていを設置した2階の洋室。東南に開けており天体観測にも利用
右：階段の先には広めの2階ホールが。洋室とつなげてフリースペースとして使用することも

子どもの部屋にロフトをつけた分、家全体が縦長に見えすぎないよう外壁はすべて横張りに

Data

設計　SUDO設計　工藤 啓一
施工　SUDOホーム(須藤建設)
https://sudo-con.co.jp

■伊達市・Kさん宅
家族構成　夫婦40代、子ども1人

■建築データ
構造規模　木造(新在来工法)・2階建て
延床面積　126.25㎡(約38坪)
<主な外部仕上げ>　屋根/ガルバリウム鋼板、外壁/カラマツ木酢液含浸材、建具/玄関ドア:木製断熱ドア、窓:木製サッシ・樹脂サッシ
<主な内部仕上げ>　床/ニレ無垢フローリング、壁/珪藻土入塗壁、天井/珪藻土入クロス
<断熱仕様　充填断熱+付加断熱>　基礎/押出法ポリスチレンフォーム(B3)100㎜、壁/高性能グラスウール16kg210㎜、屋根/高性能グラスウール16kg305㎜
<断熱・気密性能>　U_A値:0.31W/㎡K、C値:0.40㎠/㎡
<暖房方式>　エコジョーズ+COREMOによるセントラル暖房(温水パネルヒーター・床暖房)・薪ストーブ

■工事期間　平成29年6月～11月(約5ヵ月)

SUDOホーム(須藤建設)

https://sudo-con.co.jp

伊達オフィス　伊達市松ヶ枝町65-8
TEL:0142-22-0211
札幌オフィス　札幌市豊平区中の島1条5丁目3-11
TEL:011-816-8900

Replan
Web Magazine

Replan Web マガジン

北海道から「住まい」「暮らし」のほんとうをお届けするWebマガジン

住宅雑誌Replanの発行で培ってきたノウハウを生かし、実際に取材してきた「住まい」や「暮らし」にまつわるリアルな情報やユーザーの声を、ここ北海道から発信していきます。よりよい住まいと暮らしのために。ReplanはWebマガジンでも皆様にほんとうをお届けします。

https://www.replan.ne.jp

スマートフォンでもサクサク読める！

連載記事

基礎知識や新築・リノベーションしたお住まいを訪ねた取材ルポ、建築の専門家による連載記事など家づくりに関わる多彩なトピックスをご覧いただけます。

Feature

住宅実例を見る

さまざまなテイストの住宅実例を掲載。気になるデザインの家の中がどんな風につくられているのか、まるっと見られます。

Housing Showcase

写真を見る

家づくりやインテリアのお手本にしたい写真がたくさん！
カテゴリー分けもされているので、見たい写真をダイレクトに探せます。

Photo Gallery

他にも家づくりに役立つコンテンツがいっぱい！ ぜひご覧ください！

家づくりに役立つ情報を随時発信！

Replan SNS

Replanでは、SNSを通して家づくりの参考になる写真や
アイデア記事、オープンハウスなどの情報を随時発信しています。
ぜひフォローして、納得の住まいづくりにお役立てください！

Facebook

住宅雑誌Replanの発売やReplan Webマガジンの記事公開、工務店や建築家のオープンハウスなどの情報をお知らせしています。家づくりの意外なきっかけやヒントが見つかるかも！

https://www.facebook.com/replan.house/

Instagram

Replanからの各種お知らせのほか、取材先の個性あふれる注文住宅の写真もたくさんご紹介しています。
アイデア探しにぜひのぞいてみてくださいね。

https://www.instagram.com/replankun/

@replankun
でメンション！

「新刊買いました！」「Replanに取材されました！」
など「@replankun」とメンションをつけて
投稿いただくと、ストーリーズで紹介されることも。

Follow us!

Pinterest
https://www.pinterest.jp/replan_house/

Twitter
https://twitter.com/replan_house/

YouTube
https://www.youtube.com/user/ReplanHome/featured/

WORKATION

ARTICLE

地域の工務店とともに見つけた

北海道ならではのワーケーションの形

写真　古瀬 桂　文　後藤 海織

オフィス棟のワークスペースは、吹き抜けの大空間とした。その中に暖炉を囲むソファ席、メインの作業スペースとなるテーブル席、集中したい人向けのカウンター席などのエリアをつくり、社員がそれぞれの働き方に合わせて居心地良く過ごせるようにした

新しい働き方として、注目を浴びる「ワーケーション」（ワーク（仕事）＋バケーション（休暇）の造語）。普段の環境から離れ、仕事をしつつ休暇も楽しむスタイルを実現する場として、北海道が人気を集めています。豊かな自然や食、雪などの観光資源の豊かさ、避暑地としての魅力。そして各自治体それぞれの個性が、自分らしく働きたい人々の心を捉えているからです。その中で、理想の施設を北海道の工務店とともにつくり上げるケースも出てきています。今回は、神奈川県のIT企業・サンネット株式会社と地域の工務店・株式会社シーズンが長沼町につくった施設を取材しました。

上：社員たちが食事をともにできるよう、オフィス棟にも対面式のカウンターキッチンとダイニングを設けた。さまざまな場所で会話を生む工夫を凝らし、出勤したくなる環境を整えている

下右：キッチンのない1Rタイプの部屋は、出張者の宿泊施設として活用。いずれは民泊にも活用していく予定だ

下左：滞在中に社員が過ごす住居棟の1Kタイプの部屋。10帖の居室とバス・トイレ、キッチン、玄関ホールを備えた余裕あるつくり。家具類や洗濯機・電子レンジなどの基本的な家電類は備え付けに

POINT 1

コロナ禍でも社員に交流を その思いから ワーケーションに着目

Withコロナの時代、ソフトウェア開発を手がけるサンネット株式会社には、新たな悩みが生じていたといいます。「200人弱いる社員の大半は、お客様のもとに駐在して働いています。以前は親睦会や研修など、全社員が集う機会をつくり、社員同士の交流を促していましたが、コロナ禍でそれが難しくなってしまったのです」と、代表取締役社長の市川 聡さんは話します。

駐在という業態に、社会のリモート化の加速…。こうした状況に対応しつつ、新たなつながりを生み出す働き方ができないか。解決策を考えていたときに、市川さんは自治体からの誘致でワーケーションという選択肢に気づきました。「希望する社員に1ヵ月、働きながら休暇を楽しめる場所を提供する。それが所属や勤続年数、立場の異なる社員が一緒に過ごす機会になり、自然な語らいも生むと考えたのです」。

沖縄も社員から人気を集めたそうですが、四季それぞれの魅力があるという理由で、滞在先は北海道に決定。さらに4候補地を市川さん自ら視察して、長沼町に決めました。「当社のオフィスがある、小田原にも新宿にもない風景がある場所を選びたかったのが一番の理由でした。衣食住や医療など、必要なものやサービスが近場で得られるので、社員たちも不安なく滞在できると感じました」と市川さん。当初は既存の建物を借りるつもりでしたが、休暇を過ごす特別感のある場所にしたいという思いから新築を決意。大手ハウスメーカーも候補に挙がる中、長沼町を視察した際に地元の人から紹介された、老舗木材会社の住宅部門である株式会社シーズンを選びました。離れた土地にある施設の管理を考えたとき、地元の工務店ならば行き届いたメンテナンスをしてくれるだろうという期待もあっての選択だったそうです。

長沼町の夕陽を楽しめるよう、建物西側に大開口を設けた。ソファ席の中央にはエタノール暖炉を置き、火を囲んで語らえる場所に

株式会社シーズン

代表取締役

山田 茂さん

山田木材株式会社より住宅部門として平成18年に独立。70年以上にわたり培ってきた木材へのこだわりや技術を継承し、家族に一つだけの年月が経つほど愛着が深まる住まいを提案している。

サンネット株式会社

代表取締役社長

市川 聡さん

神奈川県小田原市と東京都新宿区に拠点を持つIT企業。情報システム開発をはじめ、情報システムサービス、アウトソーシングなど、さまざまな分野の業務領域でサービスを提供している。

ファサードには木のテラスを設け、一見カフェのような地域になじむデザインに。開口部の前にフェンスをつけ、開放感を保ちながらも中が見え過ぎないよう配慮した

POINT 2

目指すはオフィス離れした ワーケーションならではの空間

シーズンにとって「ワーケーション施設」の設計は初の取り組みでした。シーズンの代表取締役である山田 茂さんは「住居棟の方は、当社の住宅やアパートの施工例を気に入っていただけたので、それに準じて設計できましたが、オフィス棟は参考となる事例も少なく、手探りでのスタートでした」と当時を振り返ります。

当初からあったサンネットの強い希望は、「オフィスに見えない建物」というものでした。市川さん曰く、その意図は「非日常を感じられる場所であるほどリフレッシュ効果が高まり、社員同士にも会話やコラボレーションが生まれやすいのではないかと思ったから」。また、「せっかく北海道にくるのだから、単なる『おしゃれなオフィス』ではなく、北海道に来てワーケーションをする意義を感じられるような施設にできたら」という思いもあったそうです。

その思いに応え、山田さんは、さまざまな過ごし方ができる50帖の広いワークスペースを設計しました。建材の一部には、札幌軟石や江別レンガといった北海道の素材を使用。夕陽の名所である長沼町の空を楽しむことができるよう、大きな窓も設けました。「住まう人それぞれの個性や『らしさ』を大事にしながら団らんを生むという点で、当社の住宅づくりと根本は変わらないと信じて提案をしました。また、北海道らしい素材に触れたり、体験をすることで、北海道への興味を高めていただき、それが会話のきっかけにもなるのではないかと考えました」と山田さん。その発想は市川さんにとっても納得のいくもので、「頂いたご提案によって、漠然としていた『北海道ならではのワーケーション』の形が見えてきました」。

セキュリティー管理が必要なオフィスと住居は別棟に分けることで、住居棟は家族や外部の人も利用できるようにした。それぞれの建物の間に通路と入り口を設け、ドアtoドアで行き来できるようにしている

POINT 3

さまざまな人に利用され コラボで施設の魅力が深まる

施設は2022年12月にオープン。滞在期間の上限は1ヵ月間で、半月ごとに2～3人ずつ入れ替わり、最大5名が同時に施設に滞在する形で運用しています。住居棟には1R・1K・1LDKの3タイプの部屋があり、家族や友人と一緒に利用することも可能です。ただし、滞在中の業務は、オフィス棟に出勤して行うのがルールです。「情報セキュリティー上のこともありますが、一緒に来ている社員と顔を合わせてほしくて」という、市川さんの思いからこのように決めたそうです。

社員は出勤すると、思い思いの場所で仕事を始めます。テーブル席では、新入社員とベテラン社員が一つの卓を囲み、時には新入社員の困りごとに先輩がアドバイスを送るシーンも。一人で集中したいときは、窓際のカウンター席に向かいます。ここには「天井の低い空間の方が、集中力を高められる」というシーズンの工夫が凝らされています。また設計者が想定していなかったオフィスの使い方も見えてきたそうです。「キッチンに設けたカウンターを、スタンディングデスクのように使う方がいました。休憩中に業務に動きがありそうなとき、そういう使い方もするのだなと学びになりました」と、山田さんは話します。

市川さんは今後、施設の利用を社外に広げることも考えているそうです。「施設開設の一番の目的は社員のリフレッシュでしたが、北海道にはさまざまなビジネスの可能性があると感じています。取引先企業の担当者と親睦を深める合宿や、住居棟の地域への開放などもしてみたいですね。そして、いずれはここを新たなビジネスにもつながるようなコラボレーションを生む施設に発展させていければ」と、市川さんは未来を見据えます。

地域の工務店とともに見つけた

北海道ならではのワーケーションの形

「地域の方に『この建物は何だろう?』と思ってほしい」という市川さんの希望により、
オフィスの看板はあえて目立たないものを選んだ

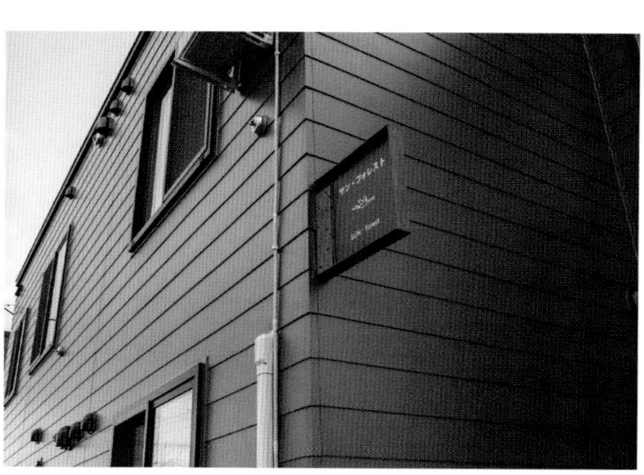

取材協力/サンネット株式会社、株式会社シーズン

暮らすほどに艶めく
変形敷地の
小さな木の家
「趣味的な暮らしが楽しめる
ミニマムな住まいに建て替えたい」。
そう願っていた奥さんが出会ったのは、
北広島市の旗竿変形地。市街化調整区域に接し、
背後に林や公園が広がる自然豊かな
環境に魅せられたご夫妻は、
武部建設とともに2度目の新築に挑戦しました。
そして、家族の暮らしに
ちょうど良い小さな木の家が完成。
ご夫妻自ら仕上げを施したカラマツの床は、
暮らしに磨かれるほどに深い艶を
蓄えていくことでしょう。
この事例の詳細は
Replan Webマガジンで公開中!
https://www.replan.ne.jp

TAKEBE
特定建設業・一級建築士事務所
武部建設株式会社

岩見沢事務所／岩見沢市5条東18丁目31番地 TEL 0126-22-2202(代)
三笠事務所／三笠市萱野219番地 TEL 01267-2-2312(代)
https://www.tkb2000.co.jp

SDGsに取り組むSeeGeL札幌ショールームで聞いてみよう！

2050年を見据えた「床選び」

サスティナブルな暮らしを叶える「無垢の床」という選択

シーゲルは、道内唯一の体験型無垢フローリング専門店。無垢の木を生かした商品の提案を通じて、ＳＤＧｓの達成に向けた取り組みを積極的に行っています。

自然の素材感が多くの人を惹きつける無垢フローリングですが、「暮らしの持続可能性の観点からも、床選びは重要」と同社では考えます。子育て世代の方が今、家を建てると、老後に備えて家に手を入れようと考え始める時期が、ちょうど日本が目標とする２０５０年のカーボンニュートラル実現のタイミングと重なります。一般的な工業製品の床材は、傷が目立って劣化したら、剥がして捨てるしかありません。燃やせば、二酸化炭素の排出増にもつながります。でも無垢材は、表面を削って塗装し直せば再生できるので張り替えずに済みますし、長い目で見ると環境負荷も工事の手間も減らせます。

無垢材は、人の肌と同じ。乾燥すると水分不足からヒビが入ったり、割れやすくなったりします。「扱いにくいのでは…」と不安な方もいるかもしれませんが、ショールームでは知識も経験も豊富なスタッフが、そんな無垢材特有の性質や上手なつき合い方、傷・シミの補修方法などを丁寧に教えてくれます。「お客様には、無垢の木の本来の特徴を知って納得したうえで、先々まで考えながらライフスタイルに合った商品を選び、上手につき合っていってほしい」。それがシーゲルの願いです。サスティナブルな暮らしにつながる「無垢の床」に興味がある方は、一度ショールームへ足を運ぶと、思いがけない発見があるかもしれません。

ショールームのスタッフが教える

「無垢フローリングを"推す"理由」

「数十年後の未来を見据えた家づくり」のために、なぜ無垢フローリングがオススメなのか。その理由を、ショールームスタッフに聞きました。無垢フローリングの魅力は、そのナチュラルで気持ちがいい見た目や触り心地だけではありません。愛着の湧き方やリフォーム工事の手間やコスト、地球環境に与える影響など多くの面で、無垢材だからこその魅力を発揮します。

例えば…

自然のオイル塗装で仕上げた無垢フローリングは、**誰でも簡単に傷や汚れをリペアできます。**表面をきれいに削って再塗装すれば、ほぼ新品と同じように復元することもできるんです！

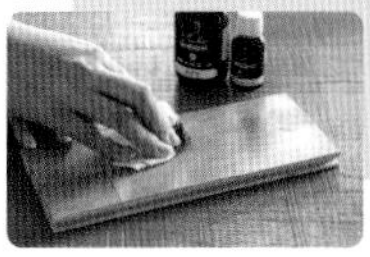

例えば…

今は北欧テイストが好きでも、数十年後の好みは大きく変わっている可能性があります。無垢フローリングなら、リフォームの際に床の表面を削れば、**感性や嗜好の変化に合わせて、まったく違う色合いにリペアして使い続けられます。**自由度が高いうえ、張り替えの手間もコストも廃棄による二酸化炭素の排出量も減らせます。

例えば…

個々の感覚にもよりますが、**無垢材に付いた傷や汚れは、家を心地よく魅力的に見せる「味わい」や「風合い」になり得ます。**国内外の古い建築物でも、フローリングの色が変化して傷だらけなのに、なぜか素敵だと感じることはありませんか？現に、新品の無垢材の表面にあえて傷や汚れをつける「**エイジング加工**」は、世界中に普及しています。

これは、ほんの一部です。もっといろいろ知りたい方は、ぜひショールームへ！

わたしに、あしたに、やさしい住まい。

北方型住宅

北方型住宅2020をベースとした新しい住宅基準

「北方型住宅ZERO」とは？

北海道の気候風土に根ざした質の高い住まい「北方型住宅」には、産学官の連携により、30年以上培った快適で豊かな暮らしが続く家づくりの技術が詰まっています。

北海道では、2050年までに道内で排出される温室効果ガス排出量を実質ゼロにする施策「ゼロカーボン北海道」の推進に向けて、2030年の温室効果ガス排出量を2013年よりも48％削減するという中間目標が設定されています。

積雪寒冷地である北海道では暖房用の消費エネルギーが多く、家庭部門のCO_2排出割合が高いため、脱炭素化に向けては住宅分野の取り組みが課題となっています。

その課題を解決しながら目標を達成する仕組みとして、CO_2削減効果がより大きい「北方型住宅ZERO」が新設されました。北方型住宅ZEROは、これまでの北方型住宅2020の性能基準を満たした上で、複数の脱炭素対策から選択して一定のポイント数を満たす住宅です。

脱炭素対策は再生可能エネルギーの導入や断熱性能の強化、バイオマスエネルギーの活用など複数の項目から成っており、地域特性やユーザーの希望に合わせて柔軟に選択ができるよう組み立てられています。地域の気候特性等に適した質が高く快適な住まいを手に入れることが、地域の、そして世界の脱炭素化にもつながるのです。未来の子どもたちにより良い地域環境を引き継ぐために、「北方型住宅ZERO」の普及が期待されています。

北方型住宅の5つのメリット

01 北方型住宅のメリット①～あたたかくお得な暮らし～

高い断熱・省エネ性能で暖房費を節約！

北方型住宅2020の場合

◎国が定める基準よりも高断熱で20％もエネルギー削減！

◎年間約4万円の光熱費を節約！

※国の省エネ基準レベルの住宅との比較（地独）道立総合研究機構建築研究本部による試算

☆住宅取得後30年間で試算すると…

断熱工事費 約40万円の増額、光熱費 約120万円の節約

⇒トータル約80万円もお得に！

02 北方型住宅のメリット②～専門資格者による快適な家づくり～

断熱・気密・換気・暖房の専門家 BIS（ビス）による設計施工！

◎家のすき間をなくして快適な室内環境を実現！

～家全体のすき間がお札1枚分の高い気密性（C値1.0（㎠/㎡）、約40坪を想定）

◎計画換気で、家中どこでも空気が新鮮！

～換気の量や経路などをしっかり設計

※BISとは、北海道が定める高度な専門的知識を有した断熱気密設計施工技術者のことです

03 北方型住宅のメリット③～災害から家族を守る～

高い耐震・断熱性能で、安全・安心な暮らし！

◎国の耐震基準よりも高い性能！

◎高断熱・高気密で、冬季に無暖房になっても一定の室温をキープ！

04 北方型住宅のメリット④～地球環境にやさしい～

高い断熱・省エネ性能でCO_2排出量を削減！

◎CO_2排出量も削減できてゼロカーボンに貢献！

05 北方型住宅のメリット⑤～補助や融資～

手厚い支援が受けられる！

◎住宅ローンの金利引き下げ、固定資産税の減税延長、地震保険料の割引などが適用に！

◎国や市町村による建設費の補助を受けることができる！

※詳細は住宅金融支援機構や国土交通省、市町村にお問い合わせください

● 北方型住宅ZEROの仕組み

北方型住宅2020の基準

外皮の高断熱化と高効率設備の採用で
省エネ基準比1t-CO_2/年削減

＋

脱炭素対策

10ポイント以上の脱炭素対策を講じ
省エネ基準比1t-CO_2/年削減

＝

省エネ基準比2t-CO_2/年削減

● 北方型住宅と一般住宅の性能比較

	省エネ基準住宅	北方型住宅2020	北方型住宅ZERO
断熱性能 U_A値 ※1	0.46	0.34	0.34～0.2
再エネ導入	―	―	太陽光発電の導入など
CO_2排出削減量 kg-CO_2/年 ※2	―	約1,000	約2,000

※1 外壁や屋根、窓などの外皮から逃げる熱を外皮全体で平均した値
※2 その住宅における年間の二酸化炭素排出量（（地独）北海道立総合研究機構建築研究本部による試算）

● 脱炭素化の対策の例 ※対策の項目と適用ポイント数は未定

更なる断熱性能の強化

- ☑ 外皮平均熱貫流率U_A値を0.20～0.28以下に強化：3pt～5pt

地域資源の活用

- ☑ 主たる構造材に道産木材等を活用：2pt

再生可能エネルギーの活用

- ☑ 太陽光発電設備の設置：3pt～6pt
- ☑ 蓄電池設備の設置：5pt
- ☑ 木質バイオマスの利用：1pt

北海道　北海道建設部 住宅局 建築指導課
企画係 ☎011-204-5577

詳しくは「北方型の住まいLab」へ！
https://kita-smile.jp/northern_house/#northern01

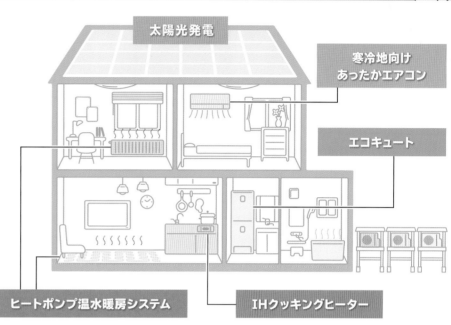

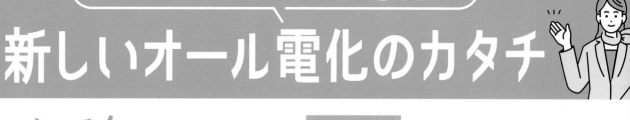

大平洋建業の
優しさあふれる「いい家」

大平洋建業は、「いい家」づくりのため、快適な住空間を追求し続けています。こだわっているのは、きれいな空気と寒い冬でも温度ムラのない暖かさを保てるパッシブ換気システム。このシステムがうまく機能するためには、高断熱・高気密が必須条件です。住宅の断熱・気密性能を徹底的に図ることで、温度ムラの少ない室内環境を実現します。
人にも環境にも優しい住まいこそが、大平洋建業がつくる「いい家」。ここで紹介する、同社のこだわりが詰まっている2軒の住まいから、これからの豊かな暮らしを想像してみてください。

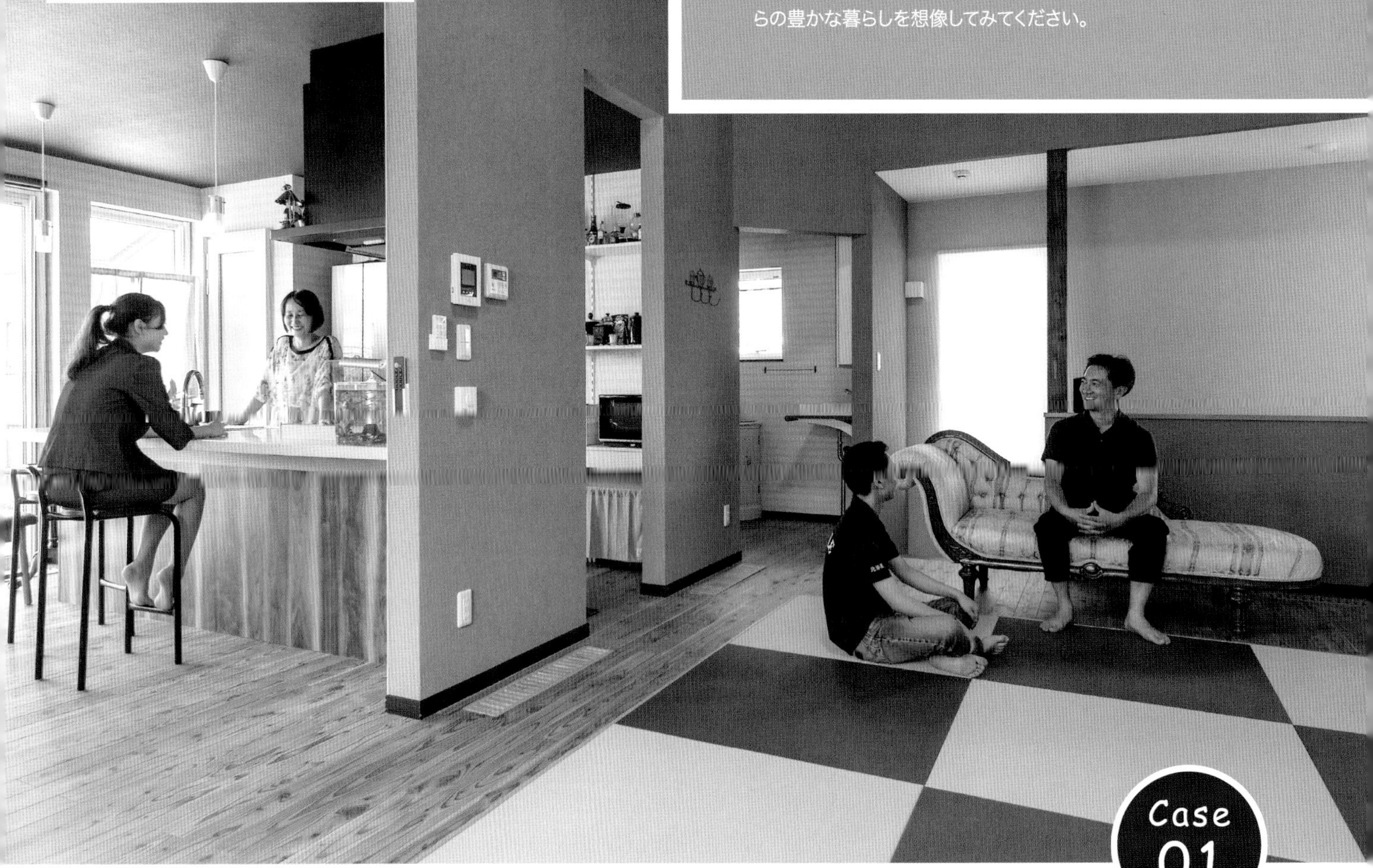

Case 01

空気のおいしいパッシブ換気の家

2019年暮れ、2人の叔母が住む実家を訪ねたMさんは、築60年近い住まいを直したいと相談。「私たちも子育てが一段落し、いいタイミングだと思い、古い実家を二世帯住宅に建て替えて、叔母たちと一緒に暮らすことにしました」。

早速、ご夫妻は依頼先を検討。情報を集める中で、アレルギーに悩んでいた奥さんの目に留まったのが、健康的な室内環境を実現するパッシブ換気システムで定評のある大平洋建業の住まいでした。床下に導入した外気を予熱して室内に給気するパッシブ換気は、24時間きれいな空気を自然の力で循環。結露やカビの心配のない室内環境を実現できるのが魅力だったといいます。「建物全体を同じ温度に保ってくれるので、高齢の叔母たちも安心して暮らせると思いました」と、奥さんは振り返ります。

完成した新居は、個別の玄関を設けた上下分離型の二世帯住宅。ご夫妻が暮らす2階のメインは、間仕切りなくつながる開放的なＬＤＫです。家事のしやすさにもこだわり、家事動線も考えた大容量の収納スペースを設けました。

「入居して3ヵ月ほど経って、気づいたらアレルギー性の湿疹が治まってきたんですよ。空気が違うと体質も変わってくるんでしょうか」と、奥さんは嬉しそうに話します。「室内環境の向上とともに、二世帯それぞれの暮らし方にフィットする住まいが実現できました。おかげで家時間も充実し、暮らしの質もぐっと上がった気がします」と、Mさんも大満足の様子でした。

右頁上：屋根なりの高い天井を生かし、リビングには天窓付きのロフトを設えた。その下には、寝室、ウォークインクローゼット、家事室などが連なる

右頁下：パインの無垢床とカラー畳を採用したくつろぎ感たっぷりのLDK。「畳敷きは板張りよりも床スペースを有効に使えて快適です」とMさん

上：キッチンは使い勝手の良いオープン収納にこだわった。冷蔵庫の隣には、大平洋建業の提案で冬の外気を取り込み低温環境を保つ食品庫も備えた

中右：二世帯で使う浴室には、TOTOのシステムバスを設置。ガラスの間仕切り壁やドアを採用したことで、明るく開放的なリラックス空間になった

中左：冬の暮らしの楽しみとして、Mさんの希望でドブレの薪ストーブを玄関土間に設置。反対側には広いシューズクロークも備えている

下：シックな黒サイディングの側面とは違う雰囲気を醸し出す明るいカラシ色のモルタルで仕上げた正面外観。カーポートの奥が1階専用の玄関。カーポートの下での焼肉が夏の休日の楽しみになった

上:210kgというストーブの荷重に耐えられるように、土間はコンクリートスラブ構造とし、建て方前に設置。薪ストーブには、高気密でも薪がよく燃えるよう外気導入キットを採用した
右:旧居から運んだ食器棚もつくり付けのように収まったダイニング。奥の引き戸は壁面収納。大平洋建業の提案で、扉の中に収めた食品庫には、気密を保つドアが採用された

Case 02

火のある暮らしを楽しむ高性能住宅

数年前、仕事の拠点として仁木町にある中古住宅を入手したAさんは、セルフビルドで家を直し、念願だった薪ストーブを設置。Aさんは薪割りに精を出し、奥さんは畑づくりに夢中になりました。「仁木町での生活をより充実させたいと新築を思い立ち、古くからの友人だった大平洋建業の佐藤社長に相談しました」と、Aさんは語ります。

果樹園に囲まれた土地を手に入れたAさんは自ら理想の住まいを図面化し、大平洋建業に託しました。描かれていたのは、1階に間仕切りのないLDK、2階に寝室と水まわりを配したシンプルな間取りでした。「暖房は薪ストーブ1台のみ。旧居で炎のある暮らしがとても気に入っていたので、これは譲れない」と、Aさんは気に入った薪ストーブを取り寄せ、施主支給しました。大平洋建業は、Aさんの希望が最大限に叶うよう、構造や性能などハード面からさまざまな提案、サポートを行いました。

2019年春、ご夫妻のこれからの田園暮らしの舞台となる新居が完成。1階には、Aさんお気に入りの薪ストーブが据えられ、その暖かさが2階へもまんべんなく行き渡るようにリビング中央に熱の通り道となる階段が設けられました。「性能の良し悪しは結露で分かると聞いていましたが、次世代基準の新居は結露することなく、家中が暖かです。大平洋建業は性能へのこだわりがすごいと思っていましたが、住んでみるとなるほど納得です」と、Aさんは大満足のご様子でした。

天窓を設けた寝室は、大型クローゼットを設置。生活感がにじまぬよう「隠す収納」にこだわった奥さんは、1年がかりで置き家具不要のインテリアプランを練った

ご夫妻の暮らしの中心となるLDKは開放的なワンルーム仕様。のびやかな空間は、友人の多いご夫妻のもてなしの場にもなる

黒いガルバリウム鋼板の外壁に切妻屋根、薪ストーブの煙突がモダンな雰囲気の外観。玄関下の扉は、薪小屋への出入り口

ホームプロ「顧客満足優良会社」連続受賞(2014年度・2015年度)

NPO法人パッシブシステム研究会会員・理事

大平洋建業(株)

札幌市豊平区西岡4条14丁目2-13
https://www.t-kengyo.com
E-mail:taiken@poplar.ocn.ne.jp

TEL 011-584-3071
早朝・夜間・休日の連絡先／090-6262-6813

建てる前に知っておきたい！
―お金・土地・デザイン・性能―

お金のこと、土地のこと、デザインや性能のこと。
建てる前に知っておきたい、基本的なことをギュッと集めました！

お金

いくら借りられる？ 住宅ローンの目安

※試算は返済期間35年の元利均等返済の場合です。 ※銀行によって金利は異なります。

表は、毎月返済に充てられる金額とローンの金利から割り出した、借入金額です。あくまでも目安ですが、家づくりの一歩として、自分がいくら借りられるかを把握してみましょう。

金利	毎月の返済額						
	4万円	5万円	6万円	7万円	8万円	9万円	10万円
1.0%	1,417	1,771	2,125	2,479	2,834	3,188	3,542
1.5%	1,306	1,633	1,959	2,286	2,612	2,939	3,266
2.0%	1,207	1,509	1,811	2,113	2,415	2,716	3,018
2.5%	1,118	1,398	1,678	1,958	2,237	2,517	2,797

（単位：万円）

自己資金があれば？

借入額3,000万円、返済期間35年、金利1.5%の場合、自己資金があると、毎月の返済額の目安は次のとおり。

自己資金	毎月の返済額
0万円	91,855円
100万円	88,793円
200万円	85,732円
300万円	82,670円
400万円	79,608円

得する制度は要チェック！

・住宅借入金等特別控除（住宅ローン控除）
・認定住宅新築等特別税額控除
・住宅取得等資金の贈与税の非課税措置
・【フラット35】S　・【フラット35】リノベ
・すまい給付金

調べてみよう！

土地探し・土地選び

まずは優先順位を明確に

土地探しの第一歩は、優先順位を決めること。利便性、学区、自然環境、広さ、価格などから自分たちの譲れないものを挙げていきます。すべての条件を満たす土地はなかなかないもの。優先順位をもとに、時に即決する勇気も必要です。

どうやって探したらいいの？

土地探しの方法は一つではありません。WEBサイトや新聞をチェックしたり、不動産業者に相談したり、住みたいエリアを外出がてらドライブして売地を探している人もいます。さらに、工務店や建築家にも土地探しを相談することができます。むしろそうすることで、自分たちが希望する暮らしと土地との相性をプロの視点からアドバイスしてくれるのがメリットです。

土地の相談先

- WEBサイト
- 新聞
- 不動産業者
- 工務店や建築家

Point
時間帯を変えて訪れよう

気になる土地が見つかったら、朝・昼・下校時間・夜、平日・土日、天気の良い日・悪い日、といった具合に、時間帯や日にちを変えて訪れるのがおすすめ。一生住む土地ですから、近隣の雰囲気も事前に知っておくと安心です。

Point
デメリットは、むしろメリット!?

高低差がある、狭い、変形している、密集地で陽当たりが心配、電柱が邪魔で車が入れられない等々、一見すると家は建てられないと思える場所も、プロの視点では全く問題なかったり、設計の工夫でむしろ個性的で楽しい家ができることも多々あります。こういった土地は価格がお手頃な場合も。もし依頼先が決まっているなら、購入前に一緒に見てアドバイスをもらいましょう。

Point
土地が無い？　それは、見えていないだけかも

候補となる土地は更地だけではありません。古い空き家があれば、それも候補に。リノベーションするもよし、古家を解体して新築するもよし。古家の築年数によっては、解体費用がかかっても予算に収まるかもしれません。どうしてもエリアにこだわりたくて、Google Earthで空き地を探したというツワモノもいるようです。

デザイン

まずはReplanなどの住宅雑誌やSNSを見て好みのテイストを見つける！

住宅雑誌やSNSなどで好きな住宅やインテリアを見つけたら、その都度付箋をつけたり、写真を保存したりしておきましょう。最初は直感でOK。段々と自分の好みがはっきりしてきたら、外観、リビング、キッチンなど、それぞれの部位に分類しておくのがオススメです。実際につくるときの要望や自分の中の重要度をメモしておくと、プランニングの相談をする際に、設計者とイメージをスムーズに共有できます。

Point 飽きないデザイン、質の良い素材

家は長く住む場所。デザインは、建てるときの流行に乗りすぎると後々古びた印象が強くなり、飽きやすくなるので注意が必要です。また床や壁など内装の仕上げ材の素材の質は、年月を経た家の印象に大きく影響します。できる限り味わい深く経年変化していくものや、劣化しにくいものを選びたいですね。

Point 家具も一緒に考えよう

せっかく素敵な家になったのに、家具にかける予算をとらず泣く泣くチープな家具に…。そうならないためにも、あらかじめ建築依頼先に家具のことも相談すれば、予算内で統一感のある住まいが実現。家にピッタリの収納家具やキッチン、ダイニングテーブルなどを製作してくれる会社もたくさんあります。

気になる会社のWEBサイトで実例を見てみよう！

好みのテイストがわかってきたら、それらの会社のWEBサイトで他の実例もチェックしてみましょう。住宅デザインはもちろんのこと、その会社のポリシーや雰囲気にも触れることができますよ。

オープンハウスを見に行こう！

写真だけではなく、実際の家を見に行くことも大切。さまざまな素材の仕上がりや肌触りを細部まで確認できるほか、空間の広さや高さの感じ方も参考にできます。間取りも「自分が暮らすならこうしたい」というように、実際に暮らすイメージを持って見学するのがポイントです。
疑問・質問・不明点は、遠慮せずに担当者に質問を。せっかくなので、素材やプランについてのメリットだけではなく、デメリットや清掃性、メンテナンス性なども教えてもらいましょう。受け答えでその会社の引き出しの数がわかるかも。

性能

寒い家・暑い家は、ストレスのもと！

今、暮らしているあなたの家は、冬寒くありませんか？　夏暑くありませんか？　寒い家、暑い家は、身体にも心にもストレスそのもの。かさむ暖冷房費は家計にも大きなストレスとなります。そこで大切なのが、住宅の断熱性能と気密性能です。
断熱性能が低いと、外の温度と室温が同程度になってしまうため、快適な室温にしようとすると暖冷房費がグンとかかってしまいます。そして気密性能が低いと、外から隙間風がどんどん入りますし、逆に室内で快適に暖冷房した空気も外へ逃げていってしまいます。わかりやすくいうと、窓を開けながら暖冷房していることになるのです。
断熱性能と気密性能の向上は、家の完成後に簡単に工事できるものではありません。Replanでは、コンスタントに断熱・気密性能の大切さを伝える特集を行っています。なんだか難しそうと食わず嫌いにせず、ちょっと勉強してみませんか？

Point 今の家は昔と違って暖かい？

確かに暖かくなりましたが、それだけではありません。高い断熱・気密性能に加えて、暖房方法と換気についてもしっかり考えられた住宅は、暖かさの「質」が違うのです。こればっかりは、実際に体験してみないとわからないもの。冬の住宅見学は上着を脱ぎ、可能な場合はスリッパをはかずに見学を。たくさん見学すれば、「質の良い暖かさ」がわかってくるものです。

Point 住宅性能＝建物価値の時代に！

住宅性能は資産価値を判断する指標のひとつになってきていて、高性能な住宅ほど価値が高く評価されます。そのためには第三者機関の認定が有効。長期優良住宅、認定低炭素住宅、BELS、CASBEEなど、さまざまな住宅性能評価制度があり、場合によっては住宅ローンの優遇金利が適用されますので、家づくりの際には建築会社に相談してみましょう。

●今号の性能関連記事

・P140「いごこちの科学 NEXTハウス」

最初は深く分からなくても大丈夫！
読みやすそうなものから読んでみよう！

Pick up! "ZEH"

01 「ZEH《ゼッチ》(ネット・ゼロ・エネルギー・ハウス)」って何?

建物の大幅な高断熱化と高効率な設備・システムの導入により、室内環境の質を維持しながら、省エネ基準比で20%以上の「省エネルギー(以下、省エネ)」を実現し、そのうえで、太陽光発電に代表される「再生エネルギー(以下、再エネ)」を導入して、年間の一次エネルギー消費量※の収支をゼロにすることを目指した住宅が、標準のZEH(ネット・ゼロ・エネルギー・ハウス)です。

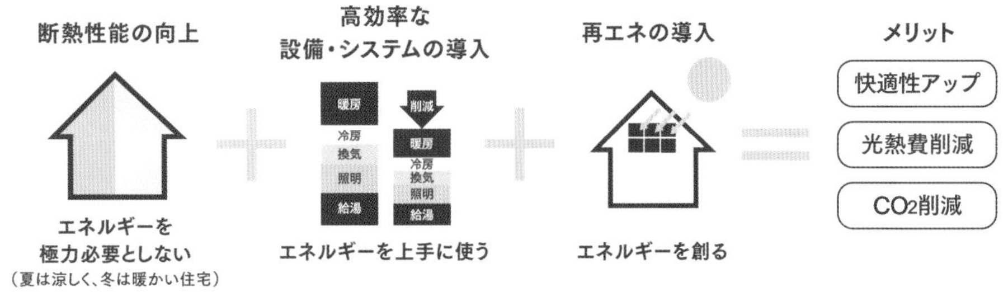

※一次エネルギー消費量の対象は「暖冷房」「換気」「給湯」「照明」で、家電などは含まない

参考:2022年の経済産業省と環境省のZEH補助金について((一社)環境共創イニシアチブ)

02 ZEH《ゼッチ》(標準)の基本条件

①U_A値0.40以下の「断熱性能」 ※北海道の場合

ZEHの一番のポイントは、住宅の断熱性能を高めることです。それによって初めて、省エネ機器や太陽光発電など設備の力が活かされ、住まい手にとって快適な温熱環境を維持できるからです。

ZEHでは、極めて高い断熱性能をクリアする必要があります。その指標となるのが「強化外皮基準」です。これは、全国で地域ごとに定められた断熱性能の指標である「次世代省エネ基準」よりもさらに高いレベルのU_A値(外皮平均熱貫流率)が設定されています。北海道は大部分が1または2地域で、ZEH認定には「U_A値0.40以下」の性能が求められます(右表)。

表　U_A値(外皮平均熱貫流率)

	[ZEH 基準]	[省エネ基準]
1 地域	**0.40**	0.46
2 地域	**0.40**	0.46
3 地域	**0.50**	0.56
4 地域	**0.60**	0.75
5 地域	**0.60**	0.87
6 地域	**0.60**	0.87
7 地域	**0.60**	0.87
8 地域	基準なし	

②設備導入による「省エネ」

ZEHでは、省エネ効果の高い一定の要件を満たした設備の導入で、一次エネルギー消費量で従来よりも20%以上削減することが求められています。特にエネルギー消費の大きい「暖冷房」「換気」「給湯」「照明」の4項目で、ZEH基準を満たした高性能な設備機器を用いる必要があります。

③太陽光発電等による「再エネ」

再生エネルギーの活用も、ZEHの大きな特徴です。設計時の一次エネルギー消費量が、太陽光発電などを用いた再エネを加えて、基準となる一次エネルギー消費量から100%以上削減されていることが条件となります。

標準以外のZEH《ゼッチ》の種類

現状では上記の「標準のZEH」以外に、定められた建築条件や建物の仕様の違いによって、複数の選択肢があります。高いレベルの条件を満たすほど、補助金の額が高くなります。

Nearly ZEH《ニアリー ゼッチ》

寒冷地や多雪地域、日照時間が短い地域の住宅など、太陽光発電システム等による再エネだけでは、住宅の一次エネルギー消費量を賄いきれないケースに配慮して設けられた基準

ZEH Oriented《ゼッチ オリエンテッド》

都市部狭小地で敷地面積が85㎡未満(平屋建てを除く)や多雪地域に建設する住宅が対象

ZEH+《ゼッチプラス》

ZEHの定義を満たしたうえで、ZEH以上の省エネルギーを実現するとともに、「断熱性能のさらなる強化」「高度エネルギーマネジメント」「電気自動車を活用した自家消費の拡大措置への備え」の3項目のうち2項目以上を採用した住宅

Nearly ZEH+《ニアリー ゼッチプラス》

Nearly ZEHの定義を満たしたうえで、ZEH+の条件もクリアした住宅

03 資金面の主な優遇ポイント

国を挙げてカーボンニュートラルへの取り組みが強化される中、税金面では「住宅ローン控除」、住宅ローンでは「借入金利の引き下げ」など、ZEHにすることで資金面で優遇される場面が多くあります。国や地方自治体の「補助金制度」にも活用できるものが複数ありますが、支給対象となるためにはさまざまな交付要件を満たす必要があります。特に補助金の申請には「住宅の着工のタイミング」も重要ですので、計画に余裕を持って、建築会社や設計事務所に相談することをおすすめします。

詳細は「(一社)環境共創イニシアチブ」発行の
ZEH補助金に関するパンフレットをご参照ください。
https://sii.or.jp/moe_zeh04/uploads/zeh04_pamphlet1.pdf#page=1

ZEHについて、併せて読みたい!

・Replan Webマガジン　前 真之のいごこちの科学 NEXTハウス vol.010
「ゼロ・エネルギー住宅ZEHってすごい家?」
https://www.replan.ne.jp/articles/7570/

いま、知っておきたいお金の話

増える自然災害に備える「火災保険」と「地震保険」

近年は特に台風や集中豪雨、地震などの被害が多くなっています。災害の規模によっては、住宅や家財に大きな損害が出て、金銭面で大きな負担が発生することもあります。そこで今回は、自然災害に備える「保険」について解説します。

自然災害の多くは「火災保険」で対処できます。火災保険で保険金が支払われるケースは、火災だけに限りません。表のように、落雷や雪災など多くの災害が対象になります。自分の火災保険がどのタイプで、どこまで補償されるのか、あらかじめ契約内容を確認しておきましょう。

ただ、補償の範囲が広いとはいえ、地震、噴火、津波、およびその際の火災は、火災保険ではカバーされませんので、「地震保険」にも加入しておくと安心です。

(表)火災保険と地震保険の内容

保険の種類	損害の原因	補償対象	
		住宅	家財
火災保険	火災・落雷・破裂・爆発風災・雹災・雪災 (※1)水災 (※1)(※2)盗難 (※1)給排水管の事故による水濡れ (※1)外部からの物体の衝突 (※1)騒乱等の破壊行為 【以下は対象外】 地震・噴火・津波・戦争・内乱 (地震・噴火・津波の際の火災(※3)も対象外)	原則として再調達価額 (建物の大きさ・構造により標準的な金額が決定) 時価でも加入可能なこともあり 	原則として再調達価額 (家族構成・年齢により標準的な金額が決定) 時価でも加入可能なこともあり
地震保険	地震・噴火・津波およびその際の火災等	火災保険の契約金額の30%～50%かつ5,000万円以内	火災保険の契約金額の30%～50%かつ1,000万円以内

(※1)契約によっては補償対象外のこともあります
(※2)建物の場合は、盗難時の建物の損壊が補償対象です
(※3)地震の際の火災では、地震火災費用見舞金が出ることもあります

火災保険の入り方

火災保険は対象が「住宅」と「家財」に分かれます。保険金額は再調達価額(同じ建物を建てるとしたら今いくら必要か)を基準とする保険会社が多数です。「住宅」は、大きさや構造によっておおよその金額が決まってきます。「家財」は、それぞれの物品の評価額から決めるのは困難なので、家族構成と年齢によりおおよその基準が設定されています。

一つの契約で「住宅」と「家財」の両方に加入することも、どちらか片方のみ加入することも可能です。住宅ローンを申し込んでいる場合、火災保険の加入は義務となっています。

先に触れたように、火災保険だけでは対応できない災害もあるので、地震保険にも加入しておくべきでしょう。なお地震保険は単独では加入できず、必ず火災保険とセットでの加入となります。地震保険の保険金額は火災保険の30%～50%の範囲内で、「住宅」では一戸当たり5,000万円以内、「家財」では1,000万円以内とされています。

火災保険の対象範囲

火災保険は、住宅本体だけではなく、門や塀、ガレージや物置、さらにはガレージや物置の中の家財も対象になります(自動車は自動車保険の範疇のため対象外)。現金も保険の対象ですが上限が20万円～30万円とされている例が多く、それを超えるタンス預金などは補償されません。

損害保険では自然劣化は対象外です。あくまで災害が原因でなければならず「屋根が傷んできたので火災保険で修理したい」では保険金は支払われません。また台風で隣家の屋根が飛んできて自宅が破損したなどのケースも、隣家に管理不備などの過失がなければ賠償請求はできず、ご自身が加入している火災保険で修理することになります。

なお地震保険の場合は火災保険のような細かい査定は行われず、全損・大半損・小半損・一部損に分類されて、それに応じた保険金が支払われます。

被災した際の対応方法

もし不幸にも被災した場合は、身の安全の確保が最優先ですが、可能であれば被災状況を写真に撮っておきましょう。保険会社や保険代理店への連絡時にそれを提出すれば、手続きがよりスムーズに運ぶことが多いです。

地震保険の保険金額は、最高でも火災保険の半額。保険金だけでは住宅の再築は困難ですが、大規模な水害や地震の場合、被災者生活再建支援制度により市町村を通じて支援金が支給される可能性もあります。

災害はいつやって来るか分かりません。特に地震はまったく予測不可能です。台風は多少予測できますが、上陸直前の申し込みは、保険会社が引き受けを拒むことも考えられますので、平常時に補償内容や保険金額などをしっかりと調べ、保険に加入し備えておくことが重要です。

<執筆者プロフィール>
NPO法人 北海道未来ネット代表理事
有田 宏

金融広報アドバイザー、公益社団法人 札幌消費者協会理事
資格／CFP(サーティファイド ファイナンシャル プランナー)
専門分野／投資、金融経済

NPO法人 北海道未来ネット
TEL 011-884-3673　https://www.21mirai.jp

ファイナンシャルプランナーを中心に、弁護士、行政書士、税理士、社会保険労務士等と提携しながら、企業・個人に対するセミナーやコンサルティングを通じて金融知力の啓蒙を実施。ウェブサイト内の「ツール集」では、住宅ローンの償還シミュレーションが無料で利用可能。償還途中の金利と返済額の任意変更にも対応している。

※記載内容は2022年12月26日時点のものです。

地域工務店が建てる 高品質住宅 実例集

高断熱・高気密・高耐久といった高い住宅性能は、
住まい手の快適な日常を支える大切な要素のひとつ。

ここでは、そんな高い住宅性能をベースに、
プランニング・素材使い・インテリアデザインなどにおいて、
これからの豊かな暮らしを考えたワンランク上の提案を行う
地域工務店の高品質注文住宅を紹介します。

Natural Materials

薪ストーブと一面札幌軟石の壁 開放感に満ちた良質素材の家

札幌市・Tさん宅　夫婦40代・30代、子ども1人

POINT

Combination

天井や壁に針葉樹合板を採用したラフさと温かみが共存する室内。リビングのアクセントとなっている札幌軟石の壁やキッチン・洗面などに配したタイルなど、素材の組み合わせがデザインに彩りを与える

POINT

Open Plan

大きな吹き抜けで、開放感のある空間に。大開口からの光で室内の隅々まで明るく、ふんだんに使われた木が温もりを感じさせる

ASSIST KIKAKU

アシスト企画という名前には、マイホームを望まれる方々の「アシスト」をしたいという想いが込められています。私たちは寒暖の差が激しい北海道の気候の中で、長く快適に過ごすことができる「高断熱・高気密住宅」を、皆様一人ひとりの「自分らしさ」が生きるデザインでご提案しています。住宅性能はU_A値0.28W/㎡K以下、C値0.5㎠/㎡以下が標準仕様。全棟ZEH基準をクリアし、長期優良住宅の認定も受けることができます。Tさん宅の場合も、標準仕様をベースにどんな暮らし方をしたいか、使いたい素材やデザインのイメージなどについて細かくご要望をお伺いし、プランをご提案させていただきました。共働きのお二人が効率よく家事を行えるよう、キッチンや階段を中心にぐるりと周回できる2つの回遊動線のある間取りに、リビングは大きな吹き抜け、憧れの薪ストーブや札幌軟石のアクセントウォールで目を惹く空間に。デザイン性も大切にしながら、ご家族が心地よく、快適に過ごせる空間設計を心がけました。

右. 吹き抜けからリビングを見下ろす。統一感のある色調に、現しの梁や柱が美しく映える空間
中. 玄関にあるスケルトン階段は光を遮ることなく、室内に明るさを届けてくれる
左. 洗面台の素材はモルタル風のダークな素材をチョイスし、インダストリアルなイメージに

子どもの活動量が増え、同僚など同世代が家を構え始めたことから、自然と家づくりを意識するようになったTさんご夫妻。奥さんが生まれ育ち、慣れ親しんだ土地を引き継いでの家づくりが始まりました。

それまでのマンションでの暮らしでは叶わなかった「一軒家ならではのことを実現させたい」という想いがお二人にはありました。新居は、薪ストーブのある土間エリアと大きな窓、開放感のある吹き抜けリビング、スケルトン仕様の階段など、お二人の希望がベストな形で具現化されています。「いくつかの会社にプランを出してもらいましたが、もとの家屋とは玄関の配置などがまったく違うアシスト企画の大胆なプランに惹かれました」と奥さん。

リビングとテラスは、大きな窓を設えた土間スペースでつながります。薪ストーブの炉壁を兼ねた札幌軟石の壁は、リビングの一面と一体となり本物の質感が楽しめるアクセントウォールとなっています。天井高約6mの吹き抜けを見上げると、針葉樹合板で仕上げたラフな雰囲気の天井と現しの梁。スケルトン階段の手すりや柱も同素材で仕上げ、統一感のある空間を演出しています。2階ホールも開放的な1階空間とつなぐことで、面積以上の広がりをもたらしてくれます。

心地よい開放感と良質な素材に包まれたデザインに、性能・構造部分での安心感も加わり、日々の暮らしを豊かに楽しめる住まいが完成しました。

DATA

- 札幌市・Tさん宅　夫婦40代・30代、子ども1人
- 建築データ
  構造規模　木造(軸組工法)・2階建て
  延床面積　128.14㎡(約38坪)(吹抜・物置含む)
  ＜主な外部仕上げ＞　屋根/シート防水、外壁/ガルバリウム鋼板 一部スギ板張、建具/玄関ドア:鋼製断熱ドア、窓:樹脂サッシ(トリプルガラス)
  ＜主な内部仕上げ＞　床/ハイブリッドフローリング、壁/ビニールクロス・針葉樹合板・タイル、天井/ビニールクロス・針葉樹合板
  ＜断熱仕様　充填断熱＋付加断熱＞　基礎/ポリスチレンフォーム3種50㎜＋50㎜、壁/高性能グラスウール20㎏105㎜＋フェノールフォーム30㎜、天井/吹込ロックウール350㎜
  ＜断熱・気密性能＞　U_A値:0.25W/㎡K、C値:0.35㎠/㎡
  ＜暖房方式＞　薪ストーブ・パネルヒーター
- 工事期間　令和3年8月～12月(約4ヵ月)

PLAN

2F

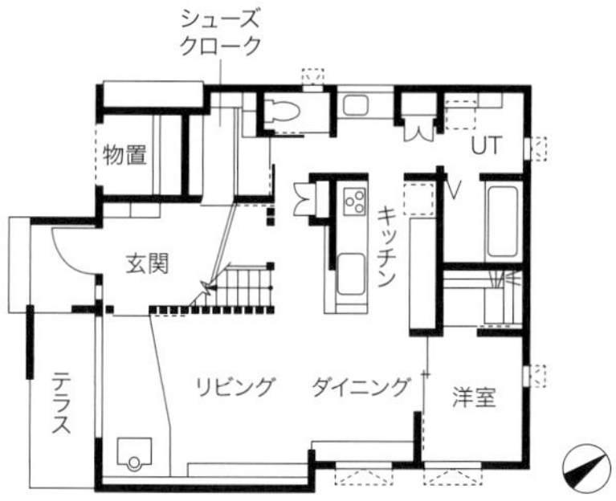

1F

(株)アシスト企画

札幌市北区新川5条16丁目6-5

0120-505-785
https://www.assisthome.co.jp
E-mail:contact@assisthome.co.jp

●新木造住宅技術研究協議会

実例をより詳しく見てみたい方は
Replan Webマガジンへ

POINT
Wood Stove & Dirt Floor

ヨツールの薪ストーブがある土間は約1.6坪で床暖房仕様。モルタル仕上げで内と外をやわらかくつなぐ緩衝地帯となっている。リビングの一部としても利用できる

丁寧に打ち合わせを重ねて完成したキッチンは開放感にあふれ、作業をしながらテレビも楽しめる配置になっている。ダイニングの横には、ワークスペースとして活躍する造作のカウンターを設置

Renovation

古き良き佇まいはそのままに これからに備えた森の家

上川郡・Aさん宅　本人50代

POINT

Entrance

リビングにつながる玄関ホールは、あえて明るさを抑えた。明暗のコントラストが、数字では測れない広がりを演出。「暗い廊下を抜けると、パッと視界が開ける感じが楽しくて、とても気に入っています」

POINT

Void

既存の建物の魅力であった高い吹き抜けと板張りの壁、窓の配置はそのまま生かして、床や壁、サッシを一新。雑木林の彩りと陽射しが満ちるリビングは、サンルームのような心地よいくつろぎ空間に生まれ変わった

IKASU HOUSE

いかすハウスでは、建築士やインテリアコーディネーター、不動産の資格を持つプロたちがチームを組んで、プランづくりに当たっています。「コストを抑えながら、美しく」をモットーに、女性ならではの細やかな配慮を心がけながら予算を生かしきる提案を実現。さまざまな工事で出た端材やデザインの優れた部材、建具、設備などを保存し、プランづくりに活用するケースもあります。スケルトンに近い状態のリノベーションを行い、性能向上を図ったAさん宅でも、蓄えてあった宝物が活躍しました。既存のモダンなデザイン、素材の良さを生かしながら、キッチンや玄関ドアにはリユース品を採用。味わいのあるストックを活用することで、古さと新しさのバランスがとれたリノベーションを実現することができました。

右. 既存の和室は、ユーティリティに変更。シンプルな洗面台は造作仕様
中. リユース品を活用したキッチン。既存の浴室スペースはパントリーに変更し、
玄関ホールとリビングにつながる回遊動線を採用
左. 玄関ホールに隣接するトイレ。壁のように見える木製造作吊り引き戸を採用

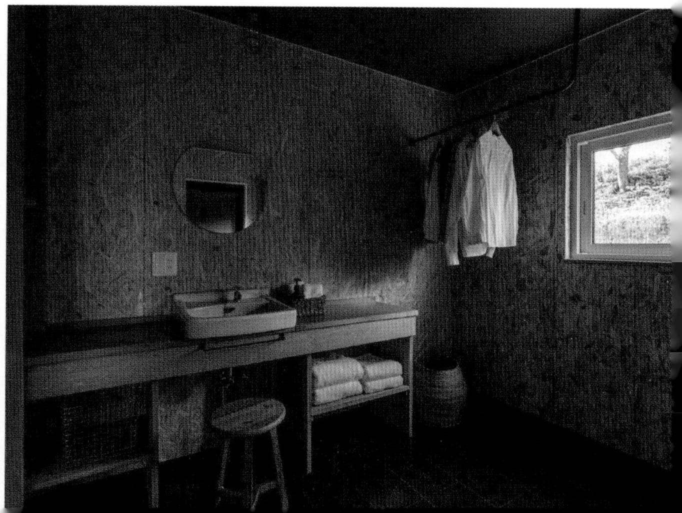

転勤族だったAさんは10年先のリタイア後の生活に備え、日高山脈を望む農村エリアに暮らしの拠点を構えたいと考えていました。「古民家や洋館、古いものが好きで、住まいも中古物件のリノベーションを想定していました」。

インターネットで物件を探し、雑木林に立つ築40年ほどの住宅を発見。「立地とモダンな雰囲気の建物が、希望にぴったり。ここに庭や畑、小道を設えてと夢が膨らみました」。そう語るAさんでしたが、空き家で10年以上経過した建物は傷みや劣化がひどく、すぐに住める状態ではありませんでした。

そこでAさんは、リプランで見つけたいかすハウスにリノベーションを依頼。「長く心地よく住むためには、予算を床や断熱の手当てにしっかり充てるのが良いと、コスト配分を明確に説明してくれたので、安心してお任せできると思いました」。

いかすハウスは傷みが目立つ屋根や床、壁の修繕を急いだほうがいいとアドバイス。本格的な積雪期に入る前に外まわりの補修工事を終え、翌春から間取り変更や内装工事を行いました。2022年10月、既存の板壁や高い吹き抜けなど古き良き佇まいを生かしたリノベーションが完了。「湿気が減って、どこにいても暖かく、見違えるようです。プロの仕事のすごさを体感しました。この空間に似合うインテリアを少しずつ整えていくのを、冬の楽しみにしたいと思っています」と、Aさんは声を弾ませて語ってくれました。

雑木林に抱かれるように佇むAさん宅。既存の外観フォルムはそのままに、屋根と外壁の補修を行った

POINT
Wood Stove

暖房は「戸建て暮らしの醍醐味を楽しみたい」と、薪ストーブを採用。既に廃番になっているヨツールのクラシックなストーブが、空間にしっくりとなじむ。断熱改修を行ったことで、冬も薪ストーブ1台で家の隅々まで暖かい

DATA

- 上川郡・Aさん宅　本人50代
- 建築データ
  構造規模　戸建て(築43年)
  延床面積　110.97㎡(約33坪)
  ＜主な外部仕上げ＞　屋根/塗装、外壁/塗装 一部補修、建具/玄関ドア:木製断熱ドア、窓:プラストサッシ
  ＜主な内部仕上げ＞　床/カラマツ無垢フローリング、壁/クロス・OSB合板、天井/クロス
- 工事期間　約4ヵ月

PLAN

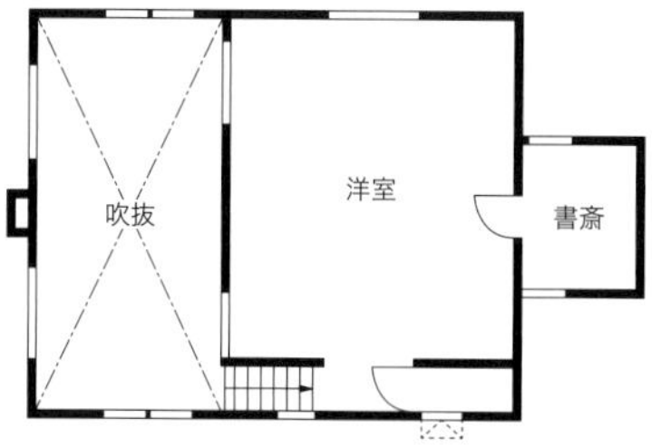

2F

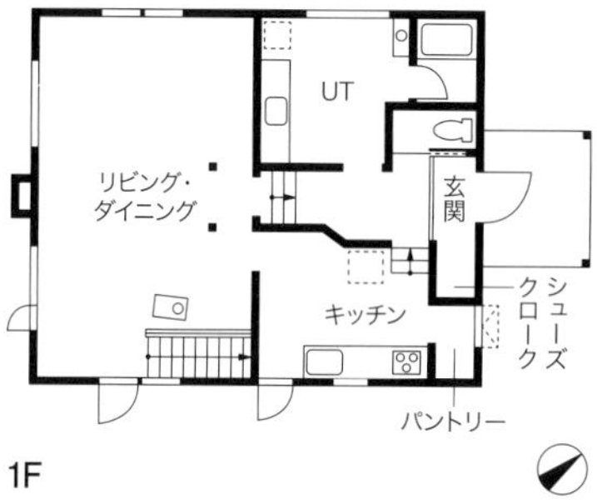

1F

いかすハウス
<(株)ネクストワン>

帯広市西11条南13丁目3-5

TEL 0155-23-2828
https://nextonehouse.net
E-mail:info@nextonehouse.net

●<iLoie(イロイエ)>登録企業

実例をより詳しく見てみたい方は
Replan Webマガジンへ

柔軟な姿勢と対応力で叶えた広がりを感じる都市型住宅

札幌市・Iさん宅　夫婦30代、子ども2人

リビングと洗面スペースの2方向につながる2WAY玄関。シューズクロークには扉があり来客のときは隠すことができる

POINT

Wood Deck

内と外をつなげるウッドデッキは玄関ポーチに配置。コンパクトなサイズながらも、子どもたちの遊び場やベンチ代わりになるなど機能的な空間となっている。レッドシダーの外壁と相まって、外観に木の温もりを添えてくれる

上. 外観はレッドシダーの羽目板がアクセントに。建物をセットバックさせ、駐車スペースを広く確保した

左頁右. 玄関のバックヤードに配置した洗面スペースは帰宅後にすぐ手洗い・うがいができる。濃紺のカラータイルがアクセントになっている

左頁左. 「吹き抜けもほしかったが、2階に2つの子ども部屋と寝室を設けたため、床面積はある程度確保したかったんです」という奥さん。光と開放感を取り込むのに必要最低限の吹き抜けをつくることで2つの要望を叶えた

STV KOHATU（SMAUTO）

STV興発では、無垢材などの自然素材を生かしながら、ご家族のライフスタイルに寄り添ったデザイン性の高い住空間を提案しています。北海道の厳しい冬を快適に乗り越えられる性能の高さと、全棟に構造計算を実施し地震や災害に強い安心・安全を確保。デザインと性能の総合力で、末長く快適な住まいを創造しています。Iさん宅は34坪の比較的コンパクトな住まい。1階に家族が集うLDK、2階は寝室や子ども部屋で構成しています。2階の床面積を確保しながら適切なサイズで設けた吹き抜けや、上下階に一体感を与える中2階など、視界や空間の抜けを利用して面積以上の広がりを感じるプランに。住宅街ではありますが、周囲の視線を避けた適所の窓配置で室内はいつも明るい光に包まれているなど、当社の家づくりの魅力を存分に発揮した住まいです。

POINT

Straight Line Plan

家族の気配をいつも感じていたいという希望を叶え、ダイニング・キッチンからリビング、その先の階段下や中2階の様子が見えるように、間取りが直線上につながっている。南東の窓から採り込んだ光が、吹き抜けや階段を介して室内を明るく包む

POINT
Counter Space

階段下や中2階、ダイニング横の3ヵ所にカウンタースペースを配置。Iさんのリモートワークや子どもたちの勉強・お絵かき、奥さんの事務作業など、自由に活用できる家族の居場所が適度な距離で点在する

レッドシダーのアクセントが温かみを添える黒い外観が、周囲になじみながらも目を引くIさん宅。

ご夫妻は、2人目の子どもを授かったことをきっかけに、本格的に新築を検討し始めました。「木の温もりとナチュラルなデザインが好みだった」というIさんは、小学校に近い理想的な土地を見つけ、STV興発をパートナーに家づくりをスタートさせました。「細かな要望も受け止めてくれる柔軟な姿勢や対応力に距離の近さを感じ、充実した住まいづくりができました」と奥さん。

完成した住まいは白を基調に、適材適所に木を配したナチュラルな雰囲気。ひと続きのLDKは南のリビングに向かって天井の高さを変えることで、空間にメリハリと広がりを与えています。中2階を介した上下階のつながりや、適切なサイズの吹き抜けがもたらすのは、光を呼び込む心地の良い開放感。玄関から手洗い、収納のあるユーティリティと続く回遊動線は「帰宅後の手洗いや洗濯を短い移動距離で済ませることができて快適です」と、忙しい日常を手助けしてくれます。

旧居は手狭ながらも家族がいつも側にいる心地よさがあったという奥さん。「新居はキッチンに立つと中2階や階段下でそれぞれ過ごす家族の様子が見渡せます。開放感がありながら、これまでどおり家族の気配を感じられる住まいになりました」。

PLAN

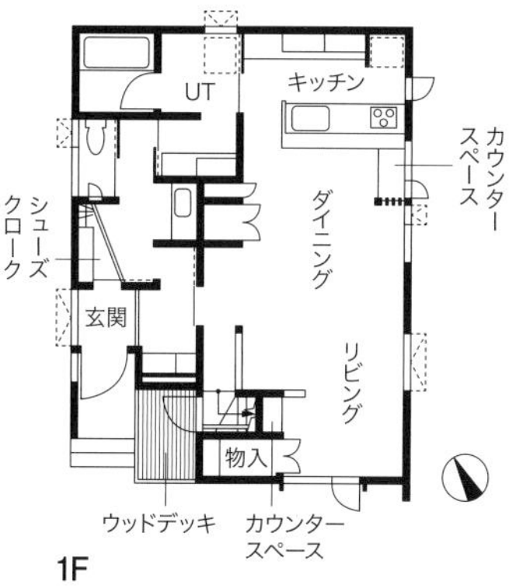

1F

2F

DATA

- 札幌市・Iさん宅　夫婦30代、子ども2人
- 建築データ
  - 構造規模　木造（在来工法）・2階建て
  - 延床面積　113.36㎡（約34坪）
  - ＜主な外部仕上げ＞　屋根/ガルバリウム鋼板、外壁/金属サイディング 一部レッドシダー羽目板張、建具/玄関ドア：断熱ドア、窓：樹脂サッシ
  - ＜主な内部仕上げ＞　床/ナラ無垢フローリング、壁・天井/ビニールクロス
  - ＜断熱仕様　充填断熱＋付加断熱＞　基礎/押出法ポリスチレンフォーム3種100㎜、壁/高性能グラスウール（SUN）20kg105㎜＋高性能グラスウール（SUNボード）32kg45㎜＋45㎜、天井/吹込用ロックウール（ホームブローウール）25kg390㎜
  - ＜断熱・気密性能＞　U_A値：0.28W/㎡K、C値：0.30㎠/㎡
  - ＜暖房方式＞　床下放熱器・パネルヒーター
- 工事期間　令和4年6月〜10月（約5ヵ月）

STV興発（株）
（SMAUTO）

札幌市中央区南1条西6丁目11 札幌北辰ビル3階
0120-089-582
https://stvkohatu.jp
E-mail：info@stvkohatu.co.jp

実例をより詳しく見てみたい方は
Replan Webマガジンへ

Natural Materials

異素材が心地よく調和する 薪ストーブのある住まい

上士幌町・Tさん宅　夫婦40代、子ども1人

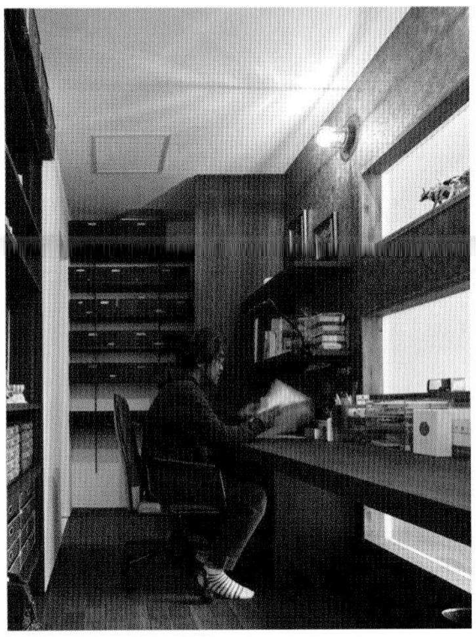

上. 牛舎や関連施設を含む広い敷地内に立つTさんご一家の住まい
下右. 廊下の西側に設けたFIX窓は豊かな景色を映しながら、やわらかな光を採り込む
下左. 幅広いカウンターを設けた事務仕事をするための書斎。ユーティリティから入って、廊下へと抜けられる。すりガラスの先が玄関ホール

POINT
Kitchen

ゆったりとしたカウンタースペースを確保したキッチンは、モールテックスとナラ材を組み合わせた造作。ダイニングテーブルにも同じくモールテックスを採用して統一感を演出している。銅の照明や、壁面のタイル、ステンレスのスイッチプレートなど、細部にわたり素材選びにこだわった

OONO KENSETSU

大野建設は1979年の設立以来、十勝エリアを中心に地域に根ざした家づくりを行っています。建築家物件を多く手がけていて、無垢材をはじめとした自然素材や薪ストーブを採用した事例も多数あります。家族や友人を招いて食事をする機会が多いというTさん宅。暮らしの中心になるキッチンは意匠性の高いものにしたいと考えて、仕上がりの雰囲気が個人的にも好みだったモールテックスを提案しました。そのキッチンをはじめ、無垢床や現しの梁や柱といった経年変化が楽しめる木部、モルタルの土間など素材選びにこだわりながら、色数を抑えた落ち着いたトーンでまとめています。廊下に設けたFIX窓の向こうに見えるのは、豊かな木々や緑が魅せる絵画のような景色。四季の移ろいが楽しめるこの窓もまた、Tさん宅の自慢の一つです。

右.ガスオーブンをビルトインにした造作食器棚。出し入れをする際に屈まなくてもいいように高い位置に設置した。
日本製だとコンロ下など設置場所が限定されるため、オーブンはイタリア製のものを採用
左.リビング横の和室は必要に応じて掘りごたつにできる。床座を楽しむセカンドリビング的空間

POINT
Living

大きな吹き抜けが圧倒的な開放感を演出するリビングは、無垢床や天井の羽目板、柱や梁など木の質感が心地よい空間。周辺の緑や木々を映しながら陽光を採り込む適材適所の窓配置で、室内はいつも明るくやわらかな光に包まれている

POINT
Wood Stove

火のある暮らしに憧れて導入した薪ストーブは、調理も楽しめるモデル。テラス窓を介して薪の運び入れができるようになっていて、モルタル仕上げの土間と炉壁が、無垢材と調和しながら空間を引き締める

牧場の敷地内に立つ大きな片流れ屋根の家。ガルバリウム鋼板に板張りの外壁がアクセントを添えるこの家は、上士幌町で酪農を営むTさんご一家の住まいです。ご夫妻がパートナーに選んだのは、敷地内の牛舎や関連施設の建設を担当して以来、20年近い付き合いになるという大野建設。これは「働きやすい環境をつくってくれた大野建設ならば、暮らしやすい家もつくってくれるはず」という、Tさんが同社に寄せる厚い信頼によるものでした。

新居は、1階に暮らしに必要な要素をすべて集約したほぼ平屋。ナラの無垢材を使った床や天井、現しの梁や柱など、適材適所に木を配した住まいです。この木の質感をさらに引き出し、深みを与えているのが、モールテックスのキッチンやモルタルで仕上げた土間などの無機質素材。勾配天井と大きな吹き抜けがもたらす開放的なLDKに、異なる素材が美しく同居して上質な空間をつくり上げています。

「モールテックスは設計担当の城岡さんの提案です。素材の雰囲気も好みで、料理をしていて気分が上がるキッチンになりました」と言う奥さんは、その居心地の良さに一日のほとんどをキッチンで過ごしていると笑います。新居に移り住み、程なくして冬の気配がやってきた上士幌町。奥さんたっての希望で導入した薪ストーブが、パチパチという薪のはぜる音とともに美しい炎で新居を暖めています。

PLAN

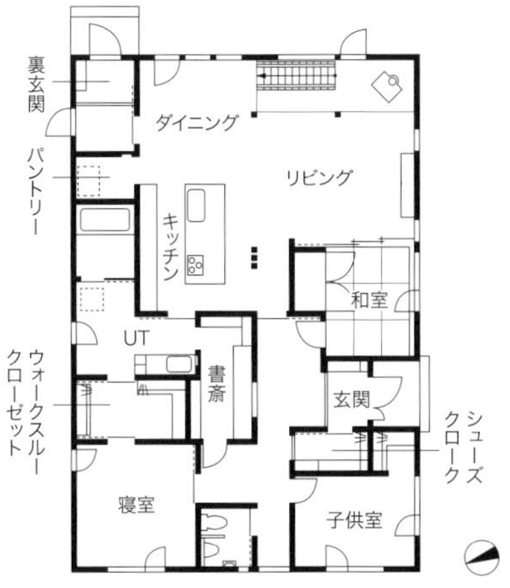

1F

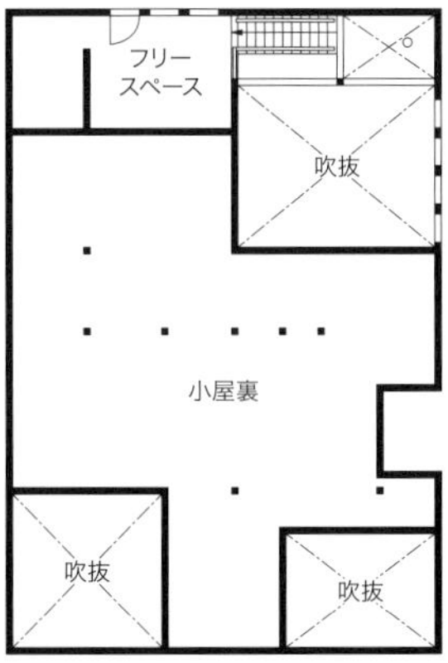

2F

DATA

上士幌町・Tさん宅　夫婦40代、子ども1人

建築データ

構造規模　木造（在来工法）・2階建て
延床面積　159.53㎡（約48坪）
＜主な外部仕上げ＞　屋根/ガルバリウム鋼板、外壁/金属系サイディング（IG）、建具/玄関ドア：断熱ドア、窓：樹脂サッシ 一部木製サッシ
＜主な内部仕上げ＞　床/ナラ無垢フローリング、壁・天井/塩ビクロス
＜断熱仕様　充填断熱＋付加断熱＞　基礎/押出法ポリスチレンフォーム（B3）100㎜、壁/高性能グラスウール16㎏105㎜＋105㎜、屋根/高性能グラスウール16㎏140㎜＋140㎜
＜断熱・気密性能＞　U_A値：0.21W/㎡K
＜暖房方式＞　床下放熱器・パネルヒーター・薪ストーブ

工事期間　令和4年5月～10月（約5ヵ月）

（株）大野建設
中川郡幕別町札内豊町5-26
TEL 0155-56-3138
https://kkono.co.jp
E-mail：contact@kkono.co.jp

実例をより詳しく見てみたい方は
Replan Webマガジンへ

17年来の夢を叶えた森の緑と暮らす住まい

札幌市・Fさん宅　夫婦40代・50代、子ども2人

POINT
Storage & Flow

玄関土間から玄関収納、ファミリークローゼット、パントリー、ユーティリティ、リビング・ダイニングへとつながる裏動線を採用。各収納空間には、容量たっぷりの造作棚が設けられ、雑多になりがちなモノや衣類を効率よく片付けられる

OOMOTO KOUMUTEN

大元工務店は、道産材やレンガ、塗り壁など自然素材と手仕事を生かしながら、知恵を絞り、ご家族の叶えたい住まいと暮らしを“ともに”つくり上げる町の工務店で在り続けたいと考えています。Fさんご夫妻が背後に広がる雑木林の豊かな緑に魅せられて購入した土地は、土砂災害特別警戒区域に指定されていました。法規上、万が一の災害に耐えうる構造が求められる土地でもありましたので、雑木林に面する西側に高さ2m超、厚さ35㎝の高基礎を設えて、擁壁を兼ねた頑強な構造を採用。その一方で、四季の彩りを室内からも存分に楽しめるように、開口計画にも力を入れました。自然の移ろいが染み込む住まいは、Fさんご一家にさまざまな楽しみを運んでくれることでしょう。

背後の雑木林に溶け込むようなカラマツ板張りの素朴な外観。材をそろえた屋根付きカーポートも造作し、冬の暮らしに備えた

右. 造作カーポートから屋根を延ばした玄関アプローチ。雨や雪の日も車から濡れずに家の中へ入ることができ、ちょっとした屋外作業にも便利
中. バックヤード、リビング、2階への動線はすべて玄関から始まる
左. 木とレンガ、塗り壁で整えられたダイニング・キッチンに、ご夫妻が集めたアンティークテイストの照明や家具がしっくりとなじむ

POINT
Concrete Wall

擁壁を兼ねた西側基礎は、そのまま室内に採り込んでリビング・ダイニングの腰壁とした。コンクリートの壁は、夏は朝の冷気をため込み、冬は薪ストーブの炉壁も兼ね、薪火の熱を蓄える。「想定外の省エネ効果に、嬉しい驚きです」と奥さん

POINT
Self Painting

2階個室の塗り壁は、家族で仕上げた。自分の部屋になる個室の壁を塗ったのは、子どもたちにもいい思い出に。「自分たちの手を動かし、汗を流すことで、家を建てているという実感が味わえました」とFさん

1階と2階は、雑木林の緑を採り込む開口を設けた吹き抜けでつながっている。「戸建てでなければ実現できない吹き抜けは長年の憧れ。その夢が叶い、大満足です」とFさん

Fさんご夫妻は第一子誕生を機に築10年の中古マンションを購入し、17年間暮らしてきました。しかし「いつかは、気に入った土地を見つけて戸建てに住み替えたい」と考えていたといいます。そして、ご大妻は2021年の春先、雑木林が裏手に広がる160坪の宅地と出会い、住み替えを決意。ご夫妻が思い描き続けてきたのは、木をふんだんに使った外壁や内装に薪ストーブ、素材感豊かな塗り壁、周囲の緑を採り込む窓、伸びやかな吹き抜けとオープンキッチンのある住まいでした。

「希望を叶えてくれそうな工務店をインターネットやリプランで探したら、大元工務店を見つけました。ここに僕らの夢を託したいと思いました」とFさん。要望を聞いた大元工務店は、玄関と土間、LDKが一体となった開放的なプランを提案。また、裏動線を備えた回遊プランも採用しました。

新居の玄関を開けると、目の前には木の香り漂うLDKが広がり、その開放的な空間に訪れた誰もが驚きの声を上げます。「充実したバックヤード空間が生活動線に合わせて設けられているので、家事がしやすく、LDKはいつでもきれいな状態を保てます」と奥さん。「戸建てならでは」と憧れていた大きな吹き抜けには、隣接する森の緑が染み込むような大きな採光窓も設置。「夢見た以上の戸建て暮らしが実現できました」と、Fさんも満足そうに話してくれました。

PLAN

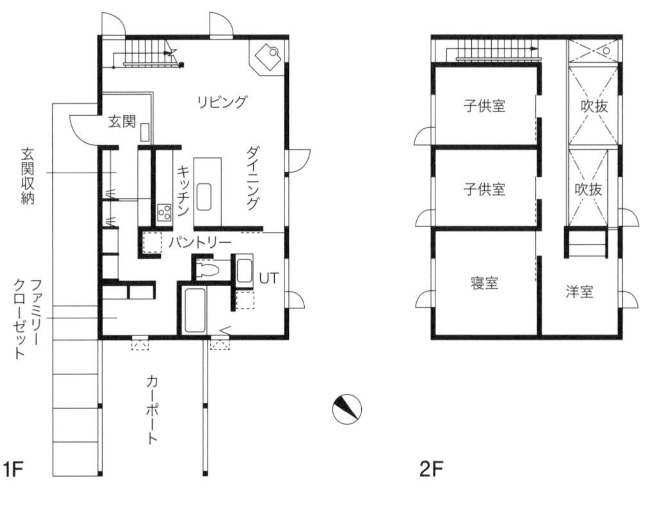

DATA

- 札幌市・Fさん宅　夫婦40代・50代、子ども2人
- 建築データ

構造規模　木造（在来工法）・2階建て
延床面積　115.93㎡（約35坪）
＜主な外部仕上げ＞　屋根/ガルバリウム鋼板、外壁/カラマツ板張、建具/玄関ドア：木製ドア、窓：樹脂サッシ
＜主な内部仕上げ＞　床/カラマツ無垢フローリング・化粧フロア、壁/SSプラスター塗・クロス、天井/クロス・針葉樹合板
＜断熱仕様　充填断熱＋付加断熱＞　基礎/ミラフォーム（B3）50㎜＋50㎜、壁/ロクセラムボード50㎜＋ロックウール吹込105㎜、屋根/ロックウール吹込331㎜
＜断熱・気密性能＞　U_A値：0.34W/㎡K、C値：0.30㎠/㎡
＜暖房方式＞　パネルヒーター・薪ストーブ

- 工事期間　令和4年3月～6月（約4ヵ月）

（有）大元工務店
札幌市手稲区前田8条11丁目3-15
TEL 011-699-3038
https://o-moto.com
E-mail：info@o-moto.com

実例をより詳しく見てみたい方は
Replan Webマガジンへ

パッシブ換気の高性能住宅が導く 清々しい空気に満ちた終の住処

札幌市・Yさん宅　夫婦40代・50代

上. 白いガルバリウム鋼板が目を引く、シンプルで美しいフォルムの外観
下右. 玄関の壁には絵画スペースを造作。シューズクロークにはYさんの仕事道具を収納できる
下左. リビングからキッチンへの動線を兼ねたパントリーは、奥さん希望の「隠す収納」

POINT
Interior

木とアイアンの素材感を生かした北欧風カフェのような内装は、奥さんが担当の狩野さんと相談しながらコーディネート。左右の壁にぴったりと収めた造作のダイニングテーブルは、キッチンの作業台を兼ねている

OKUNO KOUMUTEN

地域に根ざし、50年以上にわたって地道に丁寧にお客様と信頼関係を築き、末永くお付き合いを続けるスタイルを貫いています。当社が建てられるのは多くても1年で15棟。担当者の目が十分に届く範囲での施工により、1棟1棟、納得のいく品質とお客様の満足をお約束し、「建てた後まで幸せな家づくり」を心がけています。

Yさん宅は、当社の家づくりの大きな特徴である高断熱・高気密仕様の躯体と、均一な室内温度ときれいな空気環境をつくる計画自然換気の「パッシブ換気」を組み合わせた高性能住宅です。老後を見据えた暮らしへのご要望をプランに取り入れ、インテリアのイメージを具体化する仕上げやアイテムをご提案。一緒につくり込んでいき、奥さんのセンスが光る居心地のいい住まいになりました。

右. 上下階は吹き抜けで緩やかにつながる。上部の大きな窓からは、寝室に気持ちがいい朝陽が射し込む
左. 2階の寝室は、華やかさがありつつも落ち着いた雰囲気のクロスをアクセントウォールに

POINT

Ventilation

高い断熱・気密性能を前提とし、下から上へと抜ける空気の自然な流れを利用して屋内の換気を行う「パッシブ換気システム」採用。奥野工務店は実績豊富で、吹き抜けの大空間は効率的な通気に役立つ

POINT
Planning

ご夫妻にとってこの家は「終の住処」。1階にウォークインクローゼットを併設した洋室を備えるなど、2階との行き来がつらくなったら平屋的に暮らせるよう考えて設計されている

転勤で函館から札幌に引っ越したご夫妻は、子どもの独立を機に「終の住処」の新築を決意しました。函館で子育てを重視した家を建てていたご夫妻にとって今回は2度目の家づくり。当初は予算を理由にハウスメーカーも検討していましたが、「快適な老後の暮らし」には高い住宅性能が不可欠と考え直し、奥野工務店を選びました。

プランはご夫妻と担当の狩野泰孝さんで打ち合わせを重ねて決めていきました。「狩野さんは、造作のダイニングテーブルや、インテリアとの調和を考えたタンブラスイッチなど、ディテールにこだわった提案をしてくれました。相談しやすくて打ち合わせも楽しかったです」と、奥さんは当時を笑顔で振り返ります。厚い信頼関係の中で、木やアイアンを生かした北欧風カフェのような佇まいの家が完成しました。

「将来は平屋的に暮らせるように」とのご夫妻の希望で、空間は1階に暮らしに必要な機能を集約。リビングの大きな吹き抜けが上下階につながりと開放感をもたらしています。新居で初めて迎えた冬も「日中は暖房を切って過ごせました」と、高い断熱と気密性能が、期待以上の暖かさを実現。パッシブ換気の効果で室内の空気も清々しく快適です。「デザインも性能も、大満足です」とYさんご夫妻。「雪が解けたら、裏庭にピザ窯をつくる計画です。大きな桜の木がある素敵な庭なんですよ」と、春の訪れに期待が膨らみます。

PLAN

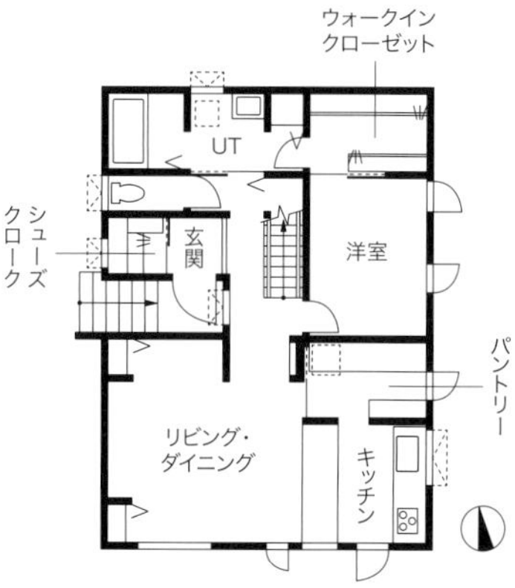

1F

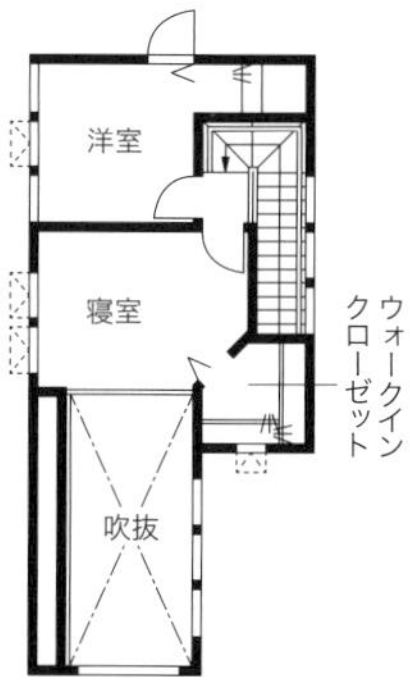

2F

DATA

- 札幌市・Yさん宅　夫婦40代、50代
- 建築データ

構造規模　木造(軸組工法)・2階建て
延床面積　101.85㎡(約30坪)
＜主な外部仕上げ＞　屋根/ガルバリウム鋼板、外壁/金属系サイディング、建具/玄関ドア:断熱ドア、窓:樹脂サッシ
＜主な内部仕上げ＞　床/フローリング、壁・天井/クロス
＜断熱仕様　充填断熱＋付加断熱＞　基礎/押出法ポリスチレンフォーム3種100㎜、壁/高性能グラスウール16㎏105㎜＋A種硬質ウレタンフォーム2種2号70㎜、屋根/吹込ブローイング18㎏450㎜
＜断熱・気密性能＞　U_A値:0.25W/㎡K、C値:0.20㎠/㎡
＜暖房方式＞　床下暖房

- 工事期間　令和元年8月～11月(約4ヵ月)

(株)奥野工務店
札幌市白石区本通8丁目北6-7
TEL 011-861-8754
https://www.okuno-kk.com
E-mail:info@okuno-kk.com

実例をより詳しく見てみたい方は
Replan Webマガジンへ

High Performance

気候風土に合わせた高性能 和モダンで落ち着きある海の邸宅

稚内市・Tさん宅　夫婦50代

目の前が海で潮風が強い土地柄、外壁は塩に強く耐久性もあるガルバリウム鋼板に。メンテナンスもしやすい

POINT

Entrance

和モダンの雰囲気にしたかったという玄関は、壁にエコカラットを採用し、間接照明を仕込んだ飾り棚を上部に設えた。造作下足箱の一角をベンチにしているので、座って靴を履いたり脱いだりできる

上. 黒と木を効果的に組み合わせたLDK。特にキッチンカウンターや階段側面の黒が効いていておしゃれ
左頁右. リビングの一面にはグレーのエコカラットを採用。濃淡や凹凸の質感はもちろん、調湿効果もあり実用的
左頁左. 仏壇と床の間を備えた8畳の和室。モダンな床の間と琉球畳で、リビングからの続き間としても違和感なくなじむ

OSANAI KENSETSU

Tさん宅は夫婦二人暮らしですが、息子さんや娘さんが孫を連れて遊びにくるので、家族が集える家として広々としたLDKを設けました。地元工務店ならではのフットワークの軽さと臨機応変な対応をモットーにしている当社だけに、今回も現場を見ながら、Tさんと「ここはこうしよう」と決めていったところが多かったです。

小山内建設は、道北ではいち早く長期優良住宅や北方型住宅を手がけ、高性能住宅の地域工務店として実績を積んできました。200㎜以上の断熱性能を標準としていますが、エネルギー計算は緻密に行い、ランニングコストもしっかり算出。各種補助金申請も行い、全体のコストバランスを見ることも忘れません。土地や風土に見合った、暖かくて省エネな家づくりを目指しています。

POINT

Void

26帖あるLDKの一部を吹き抜けに。天井も通常より高い2.8mなので開放感に満ちており、裏山が見える大窓の抜け感も気持ちいい。吹き抜けの天井は木目調のクロスにして温かみをプラスした

仕事柄、夫婦の生活時間が異なるので寝室は別々。2つの部屋を6帖の大きなウォークスルークローゼットでつなげている

POINT

Second Living

2階ホールはスペースを広く取り、セカンドリビングとして活用できるように。明るい光を運ぶ大きな窓からは、オホーツク海が一望できる

長年過ごしてきた実家の二世帯住宅を建て替え、夫婦二人の終の住処にと考えたTさん。立地は海沿いで潮風が強く、体感気温が低いため高断熱・高気密は必須。知人から「性能が高くて、暖かい家を建てる会社」と評判を聞いていた小山内建設なら間違いないと確信し、お願いしたといいます。

Tさんは漁師のため、作業着のまま出入りできる裏玄関や、大容量のパントリー、回遊動線などを希望。隣には息子さんご家族が住んでおり来客も多いため、LDKは26帖と広く取りました。和モダンをコンセプトにした高級感あふれる落ち着いた内装は、センス抜群の奥さんが一つひとつ吟味して決めていったもの。「細かい部分は建築中に現場に来て、サイズ感や雰囲気を見ながら決めさせてもらえたのがよかったです。おかげで思いどおりの家が出来上がりました」と奥さん。造作した飾り棚に趣味の陶芸作品をどう飾ろうかと思案中だそうです。

以前の家は暖房をつけっぱなしにしないと寒さを感じ、冬の暖房費が高額でした。新居は210㎜断熱とトリプルガラスで、冷たい風や目の前の道路の車の音もシャットアウト。家中どこにいても暖かく、裸足で過ごせるほどです。見慣れているはずの海も新しい家からの眺めは新鮮で、Tさんは2階のセカンドリビングにある大きな窓から海を眺めながら、仕事終わりにお酒を飲むのが幸せなひとときだそうです。

PLAN

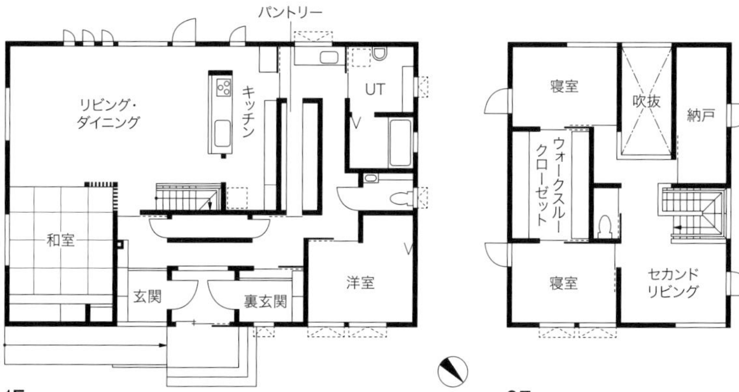

1F　　2F

DATA

- 稚内市・Tさん宅　夫婦50代
- 建築データ
  - 構造規模　木造(在来工法)・2階建て
  - 延床面積　183.83㎡(約55坪)
  - ＜主な外部仕上げ＞　屋根・外壁/ガルバリウム鋼板、建具/玄関ドア:断熱ドア、窓:樹脂サッシ(トリプルガラス)
  - ＜主な内部仕上げ＞　床/フローリング、壁/クロス・エコカラット、天井/クロス
  - ＜断熱仕様　充填断熱＋付加断熱＞　基礎/押出法ポリスチレンフォーム3種bA100㎜＋75㎜、壁/高性能グラスウール16kg105㎜＋105㎜、天井/ブローイング350㎜
  - ＜断熱・気密性能＞　U_A値:0.25W/㎡K、C値:0.40㎠/㎡
  - ＜暖房方式＞　パネルヒーター
- 工事期間　令和4年4月〜10月(約7ヵ月)

小山内建設(株)
宗谷郡猿払村鬼志別南町
TEL 01635-2-3614
https://www.osanai-k.jp
E-mail:kou@osanai-k.jp

実例をより詳しく見てみたい方は
Replan Webマガジンへ

Model House

より広く、心豊かに、快適に 工夫が息づくコンパクトな家

新十津川町・モデルハウス

天井高の大きなギャップにより、トンネル効果的に開放感が増す。高窓の向こうに見える空模様の変化も、日々の楽しみになりそう

POINT

Planning

LDKのほか、水まわりや寝室も1階に配して、平屋的な暮らしができる間取りに。床も極力段差のないバリアフリーで、住まい手が年を重ねても安心・安全に暮らせるように考えて設計されている

GOEN KENCHIKUSHA

空知エリアを中心に家づくりを手がけるゴエン建築社は、心地よい距離感と暮らしやすさを追求した空間設計と、ルームエアコン1台で家全体を暖冷房できる「YUCACO」の導入で、快適な住まいを提案しています。札幌都心部とは異なり、土地が広く比較的大きな家が多い地域ですが、資材のコスト高や暮らしへの価値観の変化などを理由に、30坪台前半の家を求めるお客様も増えています。新モデルハウスは、コンパクトで機能的な家がテーマ。ウッドデッキを介した視界の抜けや、吹き抜けを生かした面積以上の開放感、小回りのきくシンプルな生活動線など、限られた広さでより快適に、より豊かに暮らせるプランニングをかたちにしました。全館空調で、室内は季節を問わずいつも快適。変化する時代に寄り添い、未来を見据えた私たちの提案を体感いただける住宅です。

右.高窓からの光で明るい玄関は、壁面にたっぷりの収納棚を造作
中.キッチンの裏手にユーティリティを配置。洗面台は造作で、白いタイルがアクセントに
左.晴れた日には、吹き抜けに面した大きな窓からの陽光で空間が満たされる。木と色のトーンを合わせた塗り壁が和室のような落ち着きを演出

新十津川町に立つこの家は、2022年12月に完成したゴエン建築社の新たなモデルハウスです。「木材やエネルギー価格の高騰で、空知エリアも広い土地に合わせた大きな家の建築が難しくなってきました」と社長の久保田修司さんは話します。そこで新モデルは、今後を見据え32坪と比較的コンパクトに設計。「家は広ければいいというわけではなく、工夫次第で可能性は広がります」と、その意図を説明します。

例えば、天井高の低いダイニング・キッチンとリビングの吹き抜けとの視覚的なコントラストや、大きなコーナー窓とウッドデッキを介して外とのつながりを感じられるつくりは、空間に広がりが感じられる設計的な工夫のひとつ。射し込む光が室内に美しい陰影を描き、色味と風合いが心地よい塗り壁や木の素材感と相まって、一層の上質さと心地よさをもたらします。

また、寝室や水まわりなど生活に欠かせないパーツを1階に集約し、平屋的な生活ができる間取りを実現。全館空調システム「YUCACO」の効果で、上下階とも季節を問わずにむらなく適温です。性能・機能・意匠を内包した新モデルに「自分たちでも居心地の良さを改めて実感しています」と笑顔の久保田社長。限られた領域を最大限に生かすゴエン建築社の創意工夫が、細部まで息づいたモデルハウスです。

POINT

Wood Deck

夏は陽射しを、冬は雪を避けてエアコンの運転効率を安定させるため、屋根付きのウッドデッキに室外機を設置し、省エネ性と経済性に配慮。ウッドデッキは内と外を緩やかにつなぐとともに、節電にもひと役買っている

POINT
System

ルームエアコン1台で家全体を暖冷房でき、施主からも大好評の全館空調システム「YUCACO」は、高性能住宅だからこそ実装可能。エアコンは2階の空調室に置くため、室内の美観を損ねない

DATA

新十津川町　モデルハウス

建築データ
構造規模　木造（在来工法）・2階建て
延床面積　106.49㎡（約32坪）
＜主な外部仕上げ＞　屋根/ガルバリウム鋼板、外壁/金属系サイディング、建具/玄関ドア：断熱ドア、窓：樹脂サッシ
＜主な内部仕上げ＞　床/フローリング、壁・天井/装飾仕上塗材・クロス
＜断熱仕様　外張断熱＋付加断熱＞　基礎/スタイロエース100㎜、壁/高性能硬質ウレタンフォーム（キューワンボード）61㎜＋グラスウール16kg100㎜、天井/ブローイング350㎜、屋根/スタイロフォーム25㎜
＜断熱・気密性能＞　U_A値：0.26W/㎡K、C値：0.30㎠/㎡
＜暖房方式＞　全館空調システム「YUCACO」

工事期間　令和4年6月～11月（約6ヵ月）

PLAN

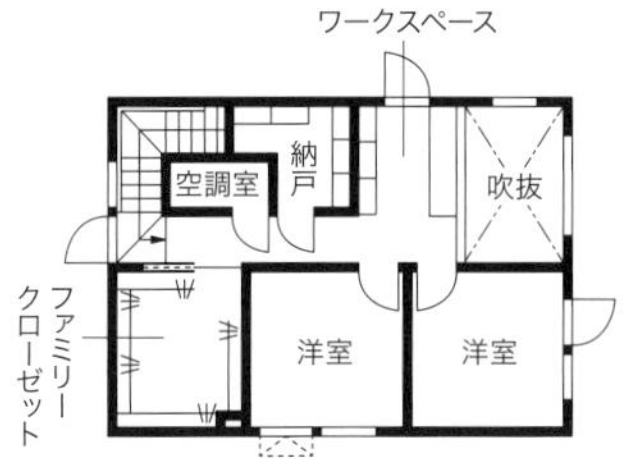

2F

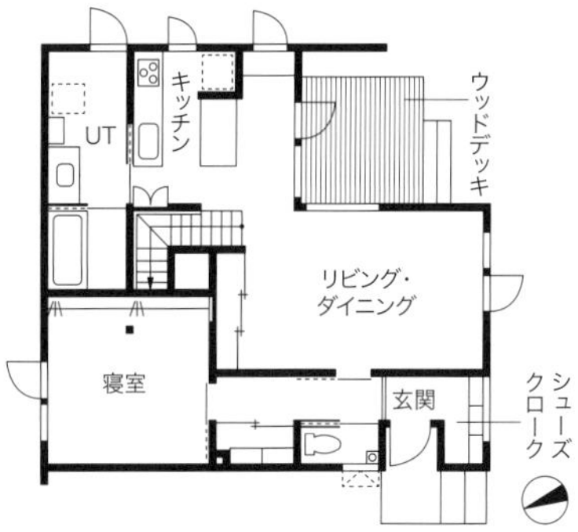

1F

ゴエン建築社（株）

新十津川町字中央72-39

TEL 0125-76-3989
https://goen.info
E-mail：shuji@goen.info

実例をより詳しく見てみたい方は
Replan Webマガジンへ

Model House

思う存分趣味を満喫できる
ロフトを備えた平屋風住宅

千歳市・モデルハウス

趣味の作業を充実させる広々とした土間スペース。左手の淡いパステルトーンの仕切り壁が程よいアクセントに

上. 細長い敷地の形状を生かした奥行きのある空間構成と、吹き抜けによる縦の広がりが相まって開放感抜群のLDK。腰壁ではなく手すりにしたロフトや透かし階段も一役買っている
下. ゆったりとした勾配屋根とグレーの外壁が落ち着いた佇まい。手前にはウッドデッキが設えられる予定
左頁. 吹き抜けの開放感を損なわないよう、対面式キッチンは下がり壁を付けていない

SEASONS

木材会社をルーツに持つシーズンは、長きにわたって培ってきた木材の知識、それを活かす技術と提案力を継承し、安心で幸せな家族の暮らしが生涯にわたって継続できる家づくりを進めています。マイホームと言えば、ONLY ONEという言葉をよく耳にしますが、描いている想いは大きいものの「具体的な理想は?」と聞かれると、なかなか想像ができないものです。そこで、注文住宅の実績を重ねてきたシーズンがつくる、プロの知恵と工夫が凝縮した規格住宅プランのひとつがこの「y-style」。数々のオーナー様の声から生まれた厳選された間取りは、どれも住まう方の想いに寄り添って設計されてきたベストプランばかり。家づくりのさまざまな負担は軽減しながら、ご家族が納得・満足して暮らせる住空間を提案し続けていきます。

POINT

Bedroom

中央で仕切り、自由に使える可変設計。寝室の片方はロフトにつながる吹き抜けを設けた。お互いが別々のことをしながらも気配を感じ合える

千歳川の畔に凛と佇むシーズンの新しい住まい「y-style」のモデルハウス。窓から四季の移ろいを感じることができるロケーションのいい場所に立つこの住まいは、平屋風の間取りにロフトを備えた、自分らしさをプラスする空間構成が特徴です。トライアスロンショップのオーナーであり元選手の久《く》保《ぼ》埜《の》雅裕さんがコーディネート監修に参加し、趣味をとことん楽しめる使い方を一緒に考えました。

室内に入ると、リビングとオープンにつながる土間玄関が出迎えてくれます。リビングのソファでゆったりしていても、ふとしたときにこの広い土間で自転車をいじったり、DIYを楽しんだりできる、活用度の高い場所です。

キッチンや水まわりの機能空間を住まいの中心に配置し、それを囲む形で家族が集うリビング・ダイニング、寝室がある間取りとなっており、生活がワンフロアで完結するので使いやすさは抜群。またダイニングは大きな吹き抜け空間で、そのままロフトとつながります。吹き抜けによる高さの変化は、コンパクトな室内にメリハリと開放感の両方をもたらしてくれます。

シーズンの規格住宅は、間取りレイアウトや造作デザイン収納、断熱仕様や窓配置の変更など、こだわりたい部分だけをグレードアップさせることも可能。「y-style」のモデルハウスで、プロの知恵と工夫を直接体感し、ご自身の家づくりに生かしてみてはいかがでしょうか。

DATA

千歳市・モデルハウス

建築データ
構造規模　木造（軸組在来工法）・2階建て
延床面積　87.16㎡（約26坪）
＜主な外部仕上げ＞　屋根/ガルバリウム鋼板、外壁/窯業系サイディング、建具/玄関ドア：断熱ドア、窓：樹脂サッシ
＜主な内部仕上げ＞　床/北海道産トドマツ合板・MDF・オレフィンシート、壁・天井/ビニールクロス
＜断熱仕様　充填断熱＞　床・壁/高性能グラスウール24kg105㎜、天井/吹込グラスウール18kg300㎜
＜暖房方式＞　セントラル暖房（玄関土間床暖房）

工事期間　令和4年6月〜10月（約4ヵ月）

PLAN

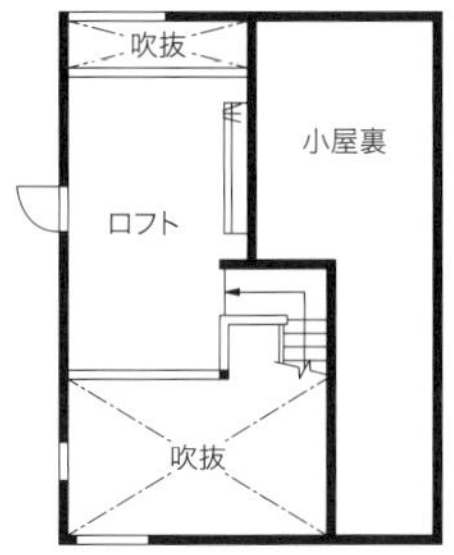

2F

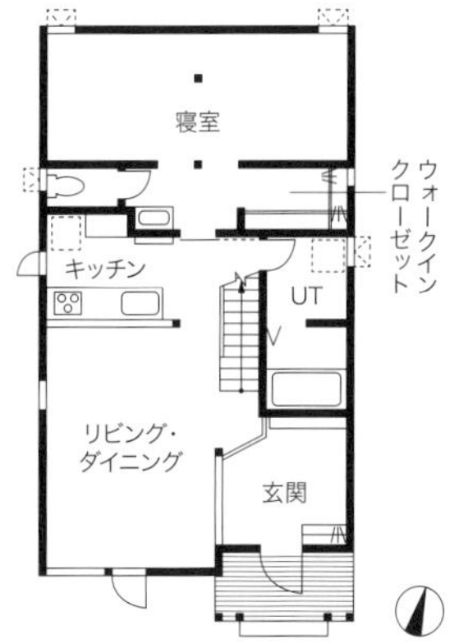

1F

（株）シーズン

千歳市錦町4丁目1838 山田木材ビル3F

TEL 0123-23-7015
https://seasons-e.com
E-mail：info@seasons-e.com

実例をより詳しく見てみたい方は
Replan Webマガジンへ

POINT
Loft

広々としていながらも勾配屋根が巣ごもり感を演出するロフトは、トレーニングルームや趣味部屋、収納など、さまざまな使い方ができるのが嬉しい

POINT
Living

高断熱・高気密だからこそ可能なオープンな空間構成で実現した土間と一体感のあるリビング。庭の風景を切り取る大きなピクチャーウインドウが開放感を増す。テラスドアから直接庭に出入りもできる

Urban Type

借景を最大限に生かした高台に立つシックな黒の家

札幌市・Hさん宅　夫婦、子ども2人

POINT

Black Design

外壁は黒いガルバリウム鋼板でスタイリッシュに。室内もオールブラックでコーディネートした。浴室の大きめの窓からはプライベートな庭を望むことができる

POINT

View

この景色が主役の2階LDK。ダイニングやソファも造作して、景色と一体感の向上を目指した。バルコニーの軒天も木張りにすることで、さらなる一体感を味わえる

KUNIMOKU HOUSE

家は家族が幸せに暮らす場所。生活を便利にする充実の機能や、暑さ・寒さを防ぐ快適性はもちろん、暮らす人が心地よいと感じる場所であることが大切です。国木ハウスは常に新しい発想で、斬新でありながら「暮らしやすさ」も意識した家づくりを心がけています。Hさん宅で一番の核となったのは「景色」でした。この土地を見たら、誰もがこの景色を主役にすると思います。その上でHさん宅で追求したのは、日本の伝統建築をベースにした高級旅館の動線と佇まい。そしてモダンでシックな上質感です。今回初めて黒一色の壁にしてみましたが、このつや消しの黒と光のバランスを取るのが、一番難しかったです。でもそのかいあって、キリッと引き締まった黒の空間と、開放感のあるロケーションが見事に調和した住まいができました。

右.キッチンからリビングを見る。つや消しの黒壁に天井の木目と窓の外の緑が映える
左.キッチン横には、冷蔵庫を置いたり食品をストックできる広いバックヤードを設けて家事効率も考慮

階段スペースは、壁全面に大開口を設けて
外の緑も取り入れることで陰影をつけた

POINT
Bedroom

寝室は木を多めに使ったくつろぎ空間。ベッド部分は台座をつくりマットレスでも布団でもOKな仕様

右.寝室の隣に設けた書斎スペースには広いカウンターとたっぷりの書棚。こもり感があり集中できる

札幌市内の坂道を上った先に現れる黒い箱のような邸宅。中に入ると、壁もつや消しの黒一色。1階は寝室や浴室などをまとめたプライベートエリアで、玄関脇に設けた間接照明を設えた洗面スペースも、黒の壁・黒の洗面台でシックな佇まいです。玄関には庭木の代わりに、シンボルツリーを植え込んだ大型プランターを設置。都市型住宅らしい工夫が施されています。

リビングは2階に。デザイン性の高い箱階段を上がって目の前に広がる景色には、思わず息を飲みます。LDKはどこからでも外の景色を楽しめるよう全面を窓にし、日射の角度も緻密に計算した光と影のバランスが絶妙です。壁一面の収納を設えたキッチンはシンクも黒一色で、視線を妨げないよう一体化させました。バルコニーの手すりも同じ理由で、一部を細いワイヤーにしています。食事をしながらくつろいで、外の景色を眺めることに特化した空間構成です。

1階は、食事以外はここで完結するプライベート空間。こちらも黒い壁ですが、木を効果的に多用し、温もりのある印象。収納や造作で物の置き場所をしっかりつくり、朝・晩のルーティンを効率的に行える実用的な間取りを採用しています。

陰影を計算し尽くした伝統建築の情緒や、落ち着いた品のある高級感。それを現代のセンスにアレンジした一軒です。

PLAN

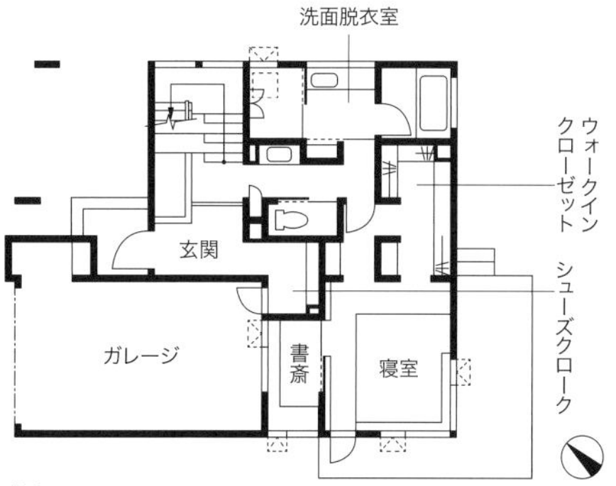

1F

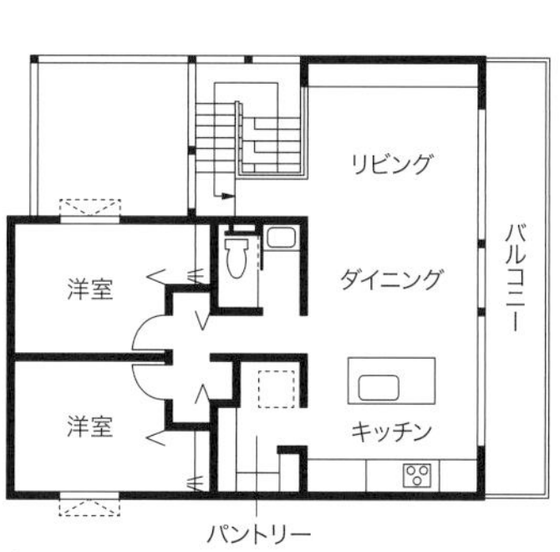

2F

DATA

札幌市・Hさん宅　夫婦、子ども2人

建築データ

構造規模　木造(在来軸組工法)・2階建て
延床面積　147.40㎡(約44坪)(ガレージ含む)
＜主な外部仕上げ＞　屋根/ガルバリウム鋼板、外壁/金属サイディング、建具/玄関ドア:断熱ドア、窓:断熱複層サッシ
＜主な内部仕上げ＞　床/フローリング、壁・天井/ビニールクロス
＜断熱仕様　充填断熱＋付加断熱＞　基礎/押出法ポリスチレンフォーム(ミラフォーム)3種b100㎜、床下/押出法ポリスチレンフォーム(ミラフォーム)3種b50㎜、壁/グラスウール32kg105㎜、天井/グラスウールブローイング13kg150㎜、屋根/グラスウールブローイング13kg300㎜
＜暖房方式＞　天井埋込エアコン

工事期間　令和3年1月～5月(約5ヵ月)

(株)ジェイウッド
KUNIMOKU HOUSE事業部

札幌市豊平区豊平2条11丁目1-24
TEL 011-812-5051
https://kunimoku-house.co.jp
E-mail:ueda.natsu@kunimoku-house.co.jp

実例をより詳しく見てみたい方は
Replan Webマガジンへ

High Performance

自然の恵みを生かしきり 機能性と美しさを両立させた家

石狩管内・Aさん宅

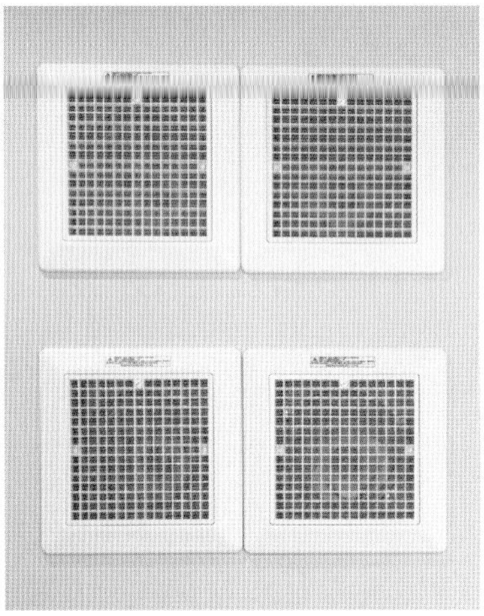

POINT
Eco System

2階にたまった薪ストーブの熱は換気口から壁内に設けた風道を通り、床下まで一気に降下し、再び各部屋の造作ガラリから室内へ。ガラリはスライド式になっており、部屋ごとに温度調節もできる

SHINOZAKI KENCHIKU JIMUSHO

上. 土間の薪ストーブの炎を眺めながらくつろげるリビング。炉壁には、奥さんの希望で札幌軟石を採用した
左頁右. 対面式キッチンとダイニングテーブルをT字型にレイアウトし、配膳・片付けが手間なく、速やかにできるようにした
左頁左. リビングの一角には、国内産イ草の本畳を敷き、稚内産珪藻土のアクセントウォール、床の間を設えた4畳の和室も設けた

私たちは、長期優良住宅、耐震等級3、高断熱・高気密などはもちろんのこと、住まう人が感じる“本物の快適”をデザインした住宅を実現したいと、自然の恵みを生かしたさまざまな試みを重ねてきました。2020年には「省エネと快適の両立」を実現する、独自の「ラディアント・サーキュレーション・システム（輻射熱空気循環システム）」を開発し、2023年3月には特許を取得予定です。薪ストーブを主暖房にするAさんの新居にもこのシステムを採用しています。シューズクロークをチャンバーとして使う、第3種換気の排熱を利用したロードヒーティング（アプローチ部）も導入しました。このほか、建物の庇を長く延ばすことで日射をコントロール。夏には暑い日射を遮って日陰の涼しさを、冬には陽射しをたっぷり採り込んで陽だまりの暖かさを感じられる住まいが実現しました。

転勤生活を送りながら子育てをしてきたAさんご夫妻は5年前、家族の暮らしの拠点を構えることを決意。知人がシノザキ建築事務所で建てた家を訪ね、「家族の暮らしにぴったり寄り添うような家を見て、一緒に家づくりをしたら楽しそう」と思ったそうです。

希望のエリアで宅地を取得したご夫妻は、同社に「暖かく、庭と薪ストーブのある暮らしが楽しめる家を建てたい」と新築を依頼。「性能やランニングコスト、素材のメリット・デメリットなど一つひとつ丁寧に、詳しく説明してもらったので、打ち合わせ時に不安に思うことは一つもありませんでした」と、Aさんは振り返ります。

POINT
PC Floor

2階の階段ホールには、8㎜厚のポリカーボネート板をはめ込んだ透明な床を造作。1階リビングの天井も兼ね、2階の開口から採り込んだ自然光をリビングに届ける役割を果たしている

2階の最も眺めの良い場所には3連窓を設けたフリースペース。将来は間仕切り壁を設え、子ども部屋にする予定

シノザキ建築事務所は、わずかな電力で稼働する換気装置により、冬は薪ストーブなどの輻射熱、夏は床下の冷気を家中に巡らせる「ラディアント・サーキュレーション・システム」を提案。また、内装にはクルミの無垢材、屋久島地杉、札幌軟石など、上質な自然素材をふんだんに用いたプランをつくり上げました。

2021年9月に新居が完成。初めて迎えた冬は薪ストーブ1台で家の隅々まで暖かく、ご夫妻を驚かせました。「賃貸暮らしのときと比べて広さは倍以上なのに、厳冬期の光熱費は変わりません。夏もエアコン要らずの涼しさです。プラン時の説明だけでは実感できなかったラディアント・サーキュレーション・システムの凄さを体感できました」と、Aさんは嬉しそうに話してくれました。

POINT
Wood Terrace

リビングの大開口からアクセスできるウッドテラスには、メンテナンスが容易な屋久島地杉を採用。日射コントロールのために長く延ばした庇は、テラスの屋根も兼ね、暖かな時期はアウトドアダイニングとして活用できる

DATA

石狩管内・Aさん宅

建築データ
構造規模　木造（SE構法）・2階建て
延床面積　176.48㎡（約53坪）（地階物置含む）
＜主な外部仕上げ＞　屋根/天然石粒鋼板葺・ガルバリウム鋼板、外壁/塗壁・道南スギ板張・窯業系スレート、建具/玄関ドア：ホワイトアッシュ張木製断熱ドア、窓：断熱樹脂サッシ（Low-E・トリプルガラス）
＜主な内部仕上げ＞　床/クルミ無垢フローリング、壁/珪藻土クロス・ビニールクロス・塗壁、天井/ビニールクロス・ゼオライト・屋久島地杉・ポリカーボネート
＜断熱仕様　充填断熱＋付加断熱＞　基礎/押出法ポリスチレンフォーム保温板3種60㎜＋60㎜、壁/ウッドファイバー100㎜＋ネオマフォーム60㎜、屋根/吹込用セルロースファイバー25kg300㎜
＜断熱・気密性能＞　U_A値：0.24W/㎡K、C値：0.26㎠/㎡
＜暖房方式＞　薪ストーブ・エアコン

工事期間　令和3年4月～9月（約5ヵ月）

シノザキ建築事務所（株）

札幌市西区八軒5条東3丁目7-12

☎ 0120-973-382
https://s-machi.com
E-mail：infothank@s-machi.com

●＜iLoie（イロイエ）＞登録企業　●アース21

実例をより詳しく見てみたい方は
Replan Webマガジンへ

Natural Materials

熟練の腕で古材を生かした自然になじむ道産木材の平屋

美深町・Sさん宅　夫婦40代、子ども3人

POINT

Facade

カラマツの外壁を持つ三角屋根のSさん宅。雄大な自然を背景に立つその風景は、まるで物語の1ページのよう

POINT

Hardwood

Sさんがほれ込んだ、広葉樹のシウリザクラの梁が住まいを支えている。「以前の古屋は1920年代ごろに建てられたものだと聞いています。開拓の歴史を感じるこの見事な梁が見えるように、平屋を選択しました」とSさん

SHINHAMA KENSETSU

新濱建設は、厳しい自然環境下においても、暑さや寒さをものともしない自然素材に包まれた高性能住宅の提供を心がけています。Sさんはご自身で見つけられた古屋の広葉樹を構造材として使いたいという希望をお持ちでした。ただ広葉樹は家具材や合板に使うのが主流で、多くの建築会社から「構造材ではなく化粧梁としてなら」と言われたようです。私たちは30年以上木造住宅を建て続けてきた木の専門家として、熟練した自社大工の技術を生かし、その希望にお応えしました。古材の再利用は解体の際の廃棄物を減らせるので環境に優しく、長い時間をかけ自然乾燥すれば新材よりも強度があって、耐久性の心配もありません。Sさんと私たちの考え方がぴったりマッチし、道産の木材を多用した自然を日常に感じる暮らしが実現できました。

右. 玄関の窓からは美しい景色が楽しめる。思いきり深呼吸したくなるような木の香りが出迎えてくれる
中. ゆったりとした広さを確保したL字型のキッチンは奥さんの希望を叶えたもの。玄関からシューズクロークを抜けて直接キッチンにアクセスすることができる
左. 広々として使い勝手の良い造作棚と洗面台

POINT

Wood Stove

Sさん宅のメイン暖房は薪ストーブ。炉台はタイルで、炉壁は静岡県の溶岩板をSさんが自ら持ってきたそう。解体した2棟分の廃材を、薪ストーブの燃料としても活用

上.階段を上ると広いロフトがある。テレビ台はSさんによる力作
下.ロフトとはいえ、大人が立っても頭がぶつからない高さを確保。20年ほど前に友人がつくってくれたテーブルを置いて、セカンドリビングとして活用している

道北地域の森林を研究する技術職員であるSさんは、今後の転勤なども考え、美深町に拠点を設けようと家づくりを決めました。

山、空、草木が見える暮らしを希望したSさんが気に入ったのは、古い木造の母屋と納屋が立つ土地。中でも特に心を打ったのが、納屋の構造材として使われていた9mにも及ぶシウリザクラという広葉樹でした。この素晴らしい古材を生かす技術のある会社を大前提に依頼先を探し、たどり着いたのが新濱建設です。「新濱社長自身も大工で、自社の技術に誇りを持っている姿勢には説得力と安心感がありました」とSさん。

完成した新居は、カラマツの外壁、ミズナラの無垢床、天井はトドマツ、引き継いだ古材は梁や大黒柱、窓台や玄関の上がり框などにフル活用して実現した道産木材100パーセントの平屋。解体した2棟分の廃材は、使えるものは製材し、残りはすべて薪ストーブの燃料に。本来ならば産業廃棄物として処理される運命だった木は、Sさんと新濱建設の手によって余すことなく再利用することができました。

「森林資源を住宅などに有効活用するためには、大工の技術の継承が不可欠です。古くからの技術と最先端の住宅性能を併せ持つ新濱建設の家づくりこそ、環境に優しいものだと思いました」と、木の香りに包まれる家の中で、Sさんは語ってくれました。

PLAN

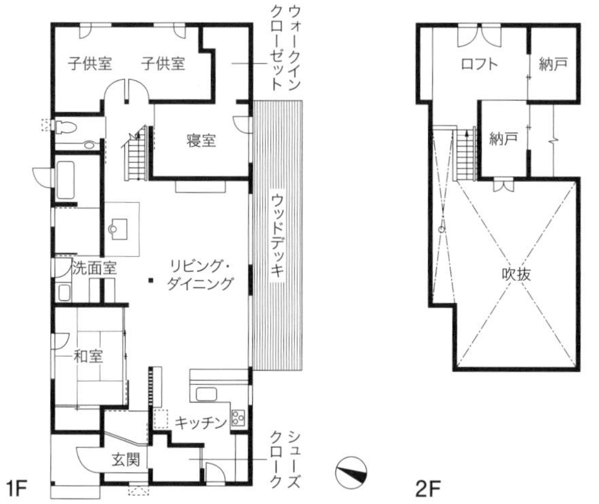

DATA

美深町・Sさん宅　夫婦40代、子ども3人

建築データ

構造規模　木造(在来工法)・2階建て
延床面積　142㎡(約42坪)
＜主な外部仕上げ＞　屋根/オークリッジプロ30、外壁/道産カラマツ、建具/玄関ドア:キムラ 木製防火断熱ドア Tc-3、窓:YKK AP 樹脂サッシ(Low-E・トリプルガラス・アルゴンガス入)APW430
＜主な内部仕上げ＞　床/道産ミズナラ材、壁/ケンコート、天井/道産トドマツ羽目板
＜断熱仕様　充填断熱＋付加断熱＞　基礎/ポリスチレンフォーム(B3)100㎜、壁/高性能グラスウール24kg105㎜＋105㎜、屋根/高性能グラスウール24kg315㎜
＜断熱・気密性能＞　U_A値:0.19W/㎡K、C値:0.30㎠/㎡
＜暖房方式＞　薪ストーブ・温水セントラルヒーティング

工事期間　令和元年10月～2年2月(約5ヵ月)

シンハマホーム
＜(有)新濱建設＞
旭川市西神楽北1条4丁目234-42
TEL 0166-75-3134
https://shinhama-asahikawa.com
E-mail:shinhamahome@email.plala.or.jp

実例をより詳しく見てみたい方は
Replan Webマガジンへ

Natural Materials

オーダーメイドキッチンが映える ディテールにこだわった住まい

江別市・Aさん宅　夫婦30代、子ども1人

階段や床材はレッドパイン材。面取りや継ぎ、留めなど大工技が光る手すり

POINT

Kitchen

木のキッチンは、レンジフードカバーも造作して統一感をもたせた。ご夫妻は現場に何度も足を運び、大工さんへ直にリクエスト。作業性を考え、何度もプランを練り直したという

TADA KOUMUTEN

ずっしりとしたモルタル調の外壁仕上げや、爽やかでやわらかな雰囲気をまとう南欧風のデザインが多田工務店の家の特徴。私たちは愛らしいスタイルだけではなく、性能面でも徹底したこだわりを貫いています。Aさん宅も、スウェーデン製の熱交換率が90%以上ある熱交換式換気システムを導入し、窓も木製窓でトップレベル（U値0.77）の高断熱窓を採用。壁や天井には合板建材は一切使わず、天然素材の塗り壁材や無垢のパイン材はドイツ製オスモカラーを使い、多田工務店の家らしい高断熱で健康的な空間に仕上がりました。これからもお施主様と一緒に細部まで話し合い、高級服の仕立て屋ビスポークのようにライフスタイルにフィットした家づくりを自社設計・自社施工で提供し続けていきます。

右.リビングとキッチンからつながるバルコニーにはAさん自らウッドデッキをつくる予定
中.1200㎜幅の広い造作洗面台に合わせた1000㎜幅の鏡。キッチン同様、木目が美しく合う丁寧な仕事が伝わる
左.リビングから階段へと続く廊下もすべてヨーロッパ調のラフな仕上がりの塗り壁

家族が増え、故郷に家を構えたいと考えていたAさんご夫妻。その中で、地場に根付き、デザインや性能の評判も高い多田工務店と出会いました。家づくりの理想としては良質なものに囲まれ、シンプルで落ち着いた雰囲気を求めていました。

こだわり抜いたキッチンは数回のプラン変更の末、コンロとシンクを分けたペニンシュラ型にたどり着きました。スワン型の水栓やステンレスの天板はAさんが選び発注。コンロ前の壁面に強化ガラスを使うことも提案しました。木目がぴったりと合うキッチン収納の納め方は、多田工務店ならではの丁寧な仕事です。アクセントウォールは奥さんの要望で、現場で色を調節し、吊り戸棚の間接照明で塗り壁の色が映えるようにしました。共同作業でつくり上げたように感じ、完成のときには「もう大工さんと会えなくなる」と寂しくなるほどだったそうです。

天井や内壁はすべて天然素材の塗り壁材を使い、コテ波仕上げで味のある仕上がりに。また、キッチンや洗面台の造作だけでなく、巾木も自社製。溝に打つ釘の向きを工夫するなど細部にまで配慮され、階段手すりの納めにも職人技が光ります。

天井に埋め込まれたスピーカーから お気に入りの曲が流れ、照明がラフな仕上げの塗り壁を照らし出すのを眺める時間が、良い家づくりができたとAさんが実感するひとときです。

POINT

Facade

外壁は真っ白なモルタルアート仕上げ。裏側の外観は4本の柱と丸い出隅がやわらかいイメージ。軒裏天井の素材は床材のフローリングを採用している

DATA

▥江別市・Aさん宅　夫婦30代、子ども1人

▥建築データ

構造規模　木造(在来工法)・2階建て
延床面積　182.59㎡(約55坪)
＜主な外部仕上げ＞　屋根/0勾配シート防水、外壁/モルタルアート仕上げ、建具/玄関ドア:木製断熱ドア、窓:木製サッシ一部樹脂サッシ
＜主な内部仕上げ＞　床/パインフローリング、壁/塗壁コンパウンド仕上げ、天井/塗天井コンパウンド仕上げ
＜断熱仕様　充填断熱＋付加断熱＞　基礎/ビーズ式ポリスチレンフォーム160㎜、壁/高性能グラスウール25.2kg105㎜＋グラスウールボード32kg100㎜、屋根/高性能グラスウール25.2kg235㎜＋グラスウール16kg105㎜
＜暖房方式＞　パネルヒーター

▥工事期間　令和元年12月～令和2年4月(約4ヵ月)

PLAN

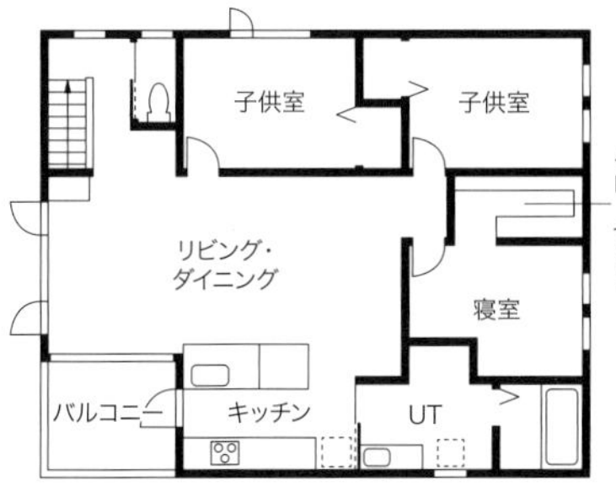

2F

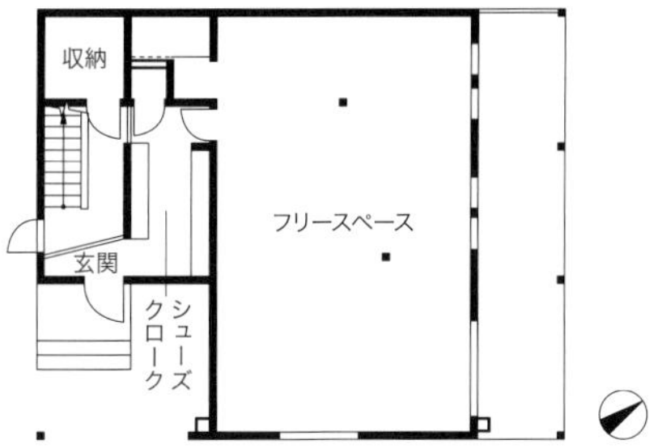

1F

(株)多田工務店

江別市一番町27-13

TEL 011-385-1621
https://tadakoumuten.com
E-mail:info@tadakoumuten.com

●<iLoie(イロイエ)>登録企業　●アース21

実例をより詳しく見てみたい方は
Replan Webマガジンへ

POINT
Painted Wall

壁や天井は、天然素材の塗り壁材を使用。コテ波残しがやわらかな印象を与えてくれる。多田工務店の家は、呼吸するのが心地よい自然素材に包まれている

POINT

Material

選りすぐりの内装材でコーディネートされたLDK空間。染色を施したボルドーパインの無垢フローリングや版画をモチーフにした壁紙、モールテックス仕上げのキッチンカウンターなど、個性あふれる素材をバランスよくまとめている

「電子レンジは電磁波がとても強く、使用中はなるべく離れたほうがいい」と土岐さん。そのため、キッチンの作業台と背面収納の間は幅を広めにとり、冷蔵庫は引き戸で仕切ることもできるパントリーの一角に置けるよう設計されている

High Performance

エレガントなデザインも魅力
健康に配慮した免疫系住宅

北広島市・Sさん宅　夫婦40代、子ども1人、母

イギリスを代表する19世紀のデザイナー、ウィリアム・モリスがデザインした「Pimpernel(ピンパーネル)」の壁紙で仕上げた廊下の壁。シンメトリーで連続する植物模様が、空間をエレガントに彩る

HONEY HOUSE

お気に入りの美しいインテリアに囲まれた空間は、住まい手の心を豊かに育みます。それと同じように、徹底的に吟味して選んだ建材や設備によってきれいな空気に包まれた家は、住まい手の健康な身体を育みます。ハニーハウスは、本格的な「免疫系住宅」のパイオニアとして、健やかな暮らしに欠かせない心と身体の両方を家づくりのエッセンスに位置づけています。Sさん宅は、私たちのそのこだわりはもちろんのこと、安心・安全に暮らせる頑強な躯体づくりにも力を入れました。地震でも不同沈下しにくく、液状化にも強いとされる「スーパージオ工法」を北海道仕様にカスタマイズ。敷地から取り除いた土の代わりに専用の建材を敷き詰めて地盤を軽くし、建物を支える力を保つとともに、遮熱材を施工して、地盤を伝ってくる冬の冷気を大幅にシャットアウトしています。

POINT

Wallpaper

玄関からまっすぐにLDKへ延びる廊下をはじめ、寝室や上下階のトイレの壁なども、本場イギリスから取り寄せた美しいウィリアム・モリスがデザインした壁紙で装飾されている

内装デザインは、ウィリアム・モリスや日本人版画家・湯浅克俊の作品「Mitoku」をベースに、現代のモダンティストと融合させたアバンギャルドなテイスト。東欧の城や宮殿をイメージしたリビングの天井も印象的

ユーティリティの壁は、ミネラル成分を含む塗り壁で仕上げた。間接照明の光で浮かび上がるテクスチャーが、空間に奥行きを感じさせる。ミラーの背面は、横長のモザイクタイルを一面にあしらった

「スーパージオ遮熱工法」を採用して建てられた耐震性の高い住まい。外観はシックな印象をまとっている。カーポート横のコンクリート土間は自転車置き場として設計

Sさんが新居づくりで最も大切に考えたのは、健康的な住空間。敏感体質でもあり、建材や接着剤などに含まれる「環境ホルモン」、電化製品や電線が発する「低周波電磁波」などへの対策をしっかり取っている会社を探して出会ったのがハニーハウスでした。実は同社代表の土岐敏央さんとそのご家族が化学物質過敏症で、住環境への悩みを抱えていました。自身の経験からハニーハウスでは、真に安全で安心できる建材を厳選してプランニングを行っています。

きれいな空気の要となる換気方法として、熱交換率93％のダクトレス熱交換換気システムを採用。消費電力が低く、年間の電気代は700円を下回ります。エコジョーズを独自に応用した床暖房は、高断熱・高気密と無垢フローリング・タイルなどの素材との相乗効果で、一度暖めると余熱により足元ポカポカが長く保てます。

塗料や接着剤は、独自開発した帯電の除去や抗酸化作用のあるセラミック配合のものを使用。環境ホルモンの除去作用や屋内にこもりがちな生活臭の消臭効果により、きれいで快適な空気環境を保ちます。電磁波対策は、室内の電気の流れをきれいに整えるアーシングなどで行っています。

美しい住空間を満たすきれいな空気、そして見えないところで住まい手の健康を守る技術と工夫。これからの時代に求められる「美と健康を両立させた住まい」が完成しました。

PLAN

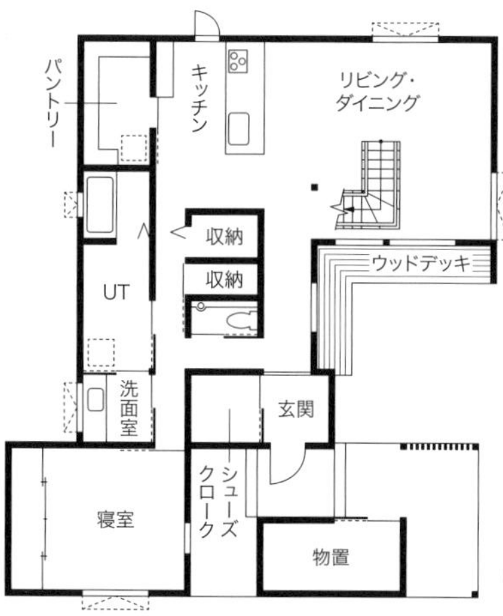

1F

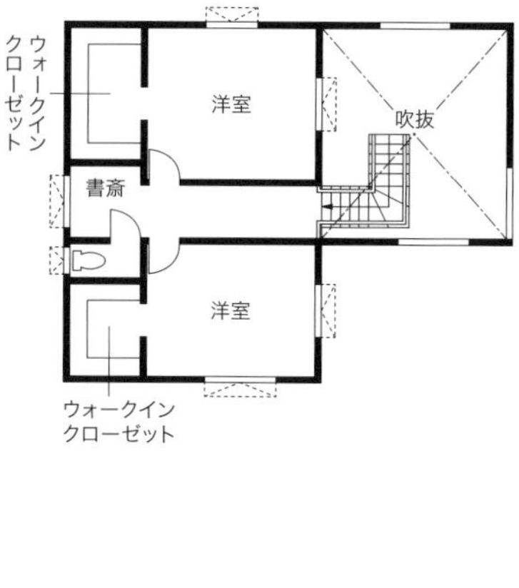

2F

DATA

■北広島市・Sさん宅　夫婦40代、子ども1人、母

■建築データ

構造規模　木造(在来工法)・2階建て
延床面積　157.65㎡(約48坪)
＜主な外部仕上げ＞　屋根/塩ビシート防水、外壁/窯業系サイディング・金属系サイディング、建具/玄関ドア：断熱ドア、窓：樹脂サッシ
＜主な内部仕上げ＞　床/ボルドーパイン、壁/環境クロス・輸入クロス・ミネラル塗壁、天井/環境クロス・輸入クロス
＜断熱仕様　充填断熱＋付加断熱＞　基礎/押出法ポリスチレンフォーム75㎜、床下/基礎下遮熱シート、壁/ERI80㎜・遮熱シート、天井/ERI180㎜
＜断熱・気密性能＞　C値：0.28㎠/㎡
＜暖房方式＞　床暖房

■工事期間　令和元年11月～令和2年3月(約5ヵ月)

HONEY HOUSE
札幌市中央区宮の森1条10丁目2-41
TEL 011-707-0329
https://www.honeyhouse.jp
E-mail：honeyhouse@watch.ocn.ne.jp

実例をより詳しく見てみたい方は
Replan Webマガジンへ

ありのままに暮らしを楽しむ 羊蹄山を望む三角屋根の木の家

ニセコ町・Mさん宅　夫婦40代

上.どこまでも続く緑や、羊蹄山をはじめとした美しい山々は、豊かな暮らしとはなんなのかを教えてくれる。北海道らしい三角屋根が魅力的

下.スキーやクライミングなどに使用する道具がぎっしりと置かれた1階の小部屋。「妻には趣味部屋と呼ばれています(笑)」とMさん

POINT

View

雄大な四季の景色が広がる2階リビング。ソファに腰を下ろし、雄大な山の姿を眺めていると、つい時間を忘れてしまう。まさに「ここにしかない暮らし」とMさん

YOSHIKEN

北海道の材料で家をつくり、そこに住むという当たり前のことをやりたい。地材地消の家づくりで健康な暮らしを実現し、ご家族がこの家に住んでいて幸せ、と感じていただければと、私たちは常に思います。住宅性能の高い家をつくることが第一条件ですが、それをベースにして気持ちいい暮らしを楽しんでいただきたいと思っています。Mさんご夫妻は、北海道らしい三角屋根を持つシンプルな住まいという具体的なプランを当初から持っていました。理想が詰まった図面を自ら描いてくださるなど、イメージの共有がとてもスムーズ。ニセコはヨシケンにとって初めての場所でしたが、その地でどう暮らせばいいのか、土地から伝わってくるメッセージも大切に、家の形を一緒に決めていきました。私自身もとても楽しんで仕事ができました。

右. 2階奥には奥さんのグランドピアノ。「時間や近所を気にすることなく、妻のピアノを存分に聴くことができて最高に幸せです」。腕前はかなりのものだとMさん
左. 大自然を感じるLDK。冬になると薪ストーブのある暮らしが始まる。奥の石積みの壁は、Mさんのこだわりから生まれた

POINT

Entrance

玄関を開けると広がる広々とした土間は、玉砂利の洗い出し仕上げ。料亭のような品のある和のイメージを演出している。スキー好きの友人たちが大勢宿泊に来るため、来客用の寝室として和室を隣接させた

POINT
Bathroom

羊蹄山とは反対側にある2階の浴室の窓からは、ニセコアンヌプリが望める。木とタイルを張ったホテルライクな佇まい

山スキーやクライミングが趣味で、シーズンのたびに冬の北海道を訪れていたというMさんご夫妻。「山とともに生きたい」という気持ちが膨らみ、住み慣れた東京からのニセコ町へ移住することに。羊蹄山が目の前に広がるロケーションに一目ぼれしたお二人は土地を購入し、インターネットで見つけたヨシケンに新築を依頼しました。

完成した新居は、どこまでも続く緑や美しい山々が織りなす風景になじむ木の家。眺望を重視し2階に配置したLDKの主役は羊蹄山が迫る圧倒的な大開口です。「窓全体に景色が広がるようにしたい」というMさんの要望を叶えるために、窓に差しかかる屋根の一部を切り取ったのが特徴的です。引っ越してきたご夫妻が羊蹄山を眺めながら感じることは、「ありのままに暮らすことの大切さ」。太陽の光で目を覚まし、ニセコの雄大な風を全身で感じながら、大自然とともに暮らす毎日は想像以上の豊かさに満ちているようです。

「薪ストーブの背面は石積みにしたい、土間は玉砂利の洗い出しで仕上げたい、など工事中に主人が思いついた細かなアイデアにも、ヨシケンは柔軟に対応してくれました。希望や要望を我慢しなくてもいい空気をつくってくれたので心から感謝しています」と話す奥さん。「ここは理想のすべてが叶った生涯最高の住まい。妻と二人で、おおらかな時間の流れを満喫しています」と、Mさんも笑顔で話してくれました。

PLAN

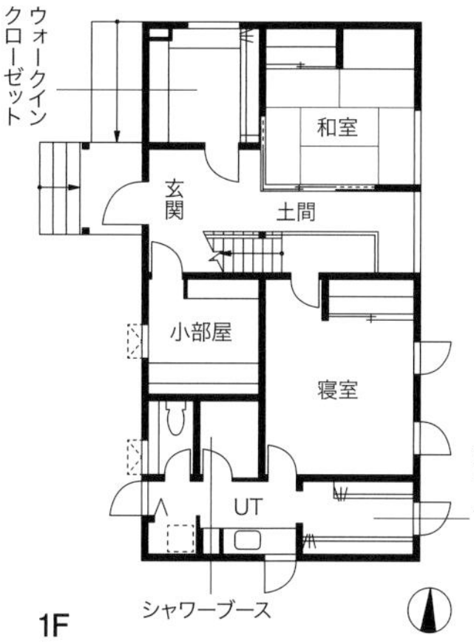

1F

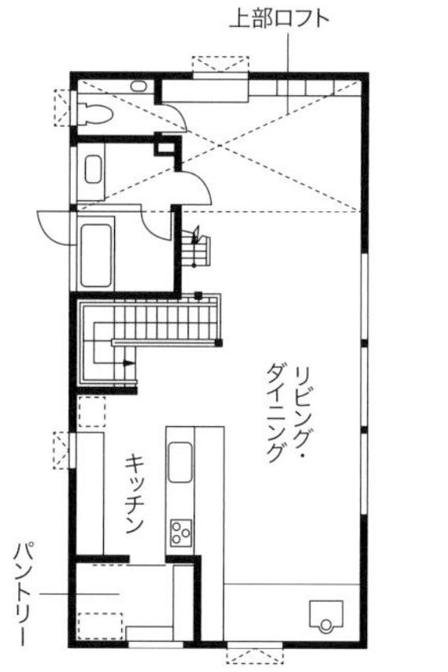

2F

DATA

ニセコ町・Mさん宅　夫婦40代

建築データ

構造規模　木造(P.B.F.(ハイブリッド)工法)・2階建て
延床面積　153.00㎡(約46坪)(カーポート・物置含む)
＜主な外部仕上げ＞　屋根/アスファルトシングル、外壁/下見板張(道南スギ)ウッドロングエコ、建具/玄関ドア:ガデリウス 断熱ドア、窓:樹脂サッシ(Low-E・ペアガラス・アルゴンガス入)・木フレームカーテンウォール
＜主な内部仕上げ＞　床/ナラ無垢フローリング、壁/ゼオライト・珪藻土、天井/エコクロス
＜断熱仕様　充填断熱＋付加断熱＞　基礎/FP板b-3 75㎜＋50㎜、壁/ロックウール吹込140㎜＋グラスウール24kg90㎜、屋根/ロックウール吹込285㎜
＜断熱・気密性能＞　U_A値:0.31W/㎡K、C値:0.30㎠/㎡
＜暖房方式＞　全面床暖房・放熱ラジエーター・壁放熱器・薪ストーブ

工事期間　平成29年10月〜平成30年5月(約7ヵ月)

ヨシケン 一級建築士事務所

札幌市白石区東米里2083-86
TEL 011-875-0877
https://www.daichinoie.co.jp
E-mail:info@daichinoie.co.jp

実例をより詳しく見てみたい方は
Replan Webマガジンへ

Urban Type

子どもと一緒に笑顔の日々を 家族の時間を楽しむ家

札幌市・Oさん宅　夫婦30代、子ども2人

POINT

Facade

ツートーンですっきりとしたデザインが目を引く外観。屋根付きの広いカーポートでは、天候を気にすることなくBBQを楽しめる

玄関ホールには正面と右側の足元の2ヵ所に明かり採り窓を設置。外からの視線を遮りつつ、外の光を取り込んでいる

POINT

Kitchen

対面式のキッチンは、下がり天井とキッチンカウンターのリビング側をグレーの塗装仕上げにして上質感を演出。壁面には大容量の収納棚と、子どもたちと一緒にお菓子づくりもできる広さの作業台を設けた

LIVING WORK

リビングワークが提供するのは、性能とデザインが両立した住まいです。土地探しから一緒の家づくりで、それぞれの家族の想いや暮らしに寄りそった家づくりを自由設計で叶えます。最近は「豊かさがずっと続く、上質な住まい」をテーマにした、ワンランク上の機能美を持ち合わせた新ブランド「Your Style GRAND LIV（ユアスタイル グランリビ）」を始動しました。そんな私たちのこだわりと家族の時間を大切に考えられたOさんご夫妻の希望を具現化した新居にも、日々の暮らしを考えた工夫をたくさん盛り込みました。身支度の時間が重なっても不便がないよう、ユーティリティを広めにして家事カウンターを造作。キッチンからパントリー、フリースペースを通ってユーティリティへと抜けられる回遊動線も効率的です。住みやすさを第一に考えた間取りが快適な暮らしを支えます。

右.キッチンの奥にはパントリーがあり、その左手からユーティリティに抜けられる機能的な回遊動線
中.リビングの手前に手洗いスペースを設置し「帰ったら手を洗う」を習慣づけ
左.階段下のスペースは子どもたちの遊び場に。小さなおうち感覚で居心地も抜群

これから先のお子さんたちの成長を考えて家を建てることを決めたOさんご夫妻。家づくりで大事にしたのは、「子どもたちと一緒に心地よく過ごすことを一番に考えた家」にすること。完成した家は家族の生活動線や使い勝手を重視しつつも、シンプルで美しく上質な住空間となりました。

ウッドデッキのあるインナーコートを囲むコの字の間取りは、庭が欲しいと願っていたOさんの希望です。住宅街の中にあっても、外からの目線を気にせずにゆったりとくつろげます。インナーコートはもちろん、屋根付きのカーポートもゆとりの広さを確保し、強い陽射しや雨などを気にすることなく、憧れだったというBBQを家族や友人たちで楽しめます。玄関横のシューズクロークは、キャンプやアウトドア用品の収納を考慮した大きさに設計。物の出し入れもストレスなく行えます。

家づくりがとても楽しかったと笑うご夫妻は、その中で自分たちが望んでいたライフスタイルの形が、はっきりと見えてきたといいます。「子どもと一緒に入れる大きな湯船のお風呂、一緒に並んで料理をつくれるキッチン、大人数で集える広いダイニング…。家族にとって使い勝手が良くて、くつろげる家がつくりたかったんだなと改めて思いました」。新しいおうちでのびのびと遊ぶ仲良し姉妹を、優しい眼差しで追うOさんご夫妻の笑顔が、今の幸せを物語っています。

ナラの無垢フローリングが温もりを与えるナチュラルテイストのリビングは、玄関、インナーコート、ダイニング・キッチン、ユーティリティ、2階と、すべての空間とつながる動線の中心

POINT
Inner Court

リビングの窓から出られるコの字型に囲われたウッドデッキのあるインナーコート。アウトドアリビングにもなるプライベートな空間で、芝生の庭にも出やすい

DATA

▥ 札幌市・Oさん宅　夫婦30代、子ども2人

▥ 建築データ

構造規模　木造(在来工法)・2階建て
延床面積　191.13㎡(約57坪)(カーポート・インナーコート含む)
＜主な外部仕上げ＞　屋根/ガルバリウム鋼板、外壁/窯業系サイディング・アクリル樹脂塗装、建具/玄関ドア:断熱ドア、窓:樹脂サッシ(Low-E・トリプルガラス)
＜主な内部仕上げ＞　床/無垢フローリング・化粧フロア、壁・天井/クロス
＜断熱仕様　充填断熱＋付加断熱＞　床下・壁/FP板25㎜＋高性能グラスウール155㎜、天井/ロックウール400㎜、屋根/FP板25㎜
＜断熱・気密性能＞　U_A値:0.31W/㎡K、C値:0.67㎠/㎡
＜暖房方式＞　エコジョーズ＋コレモによるセントラル暖房

▥ 工事期間　令和2年10月～令和3年4月(約6ヵ月)

PLAN

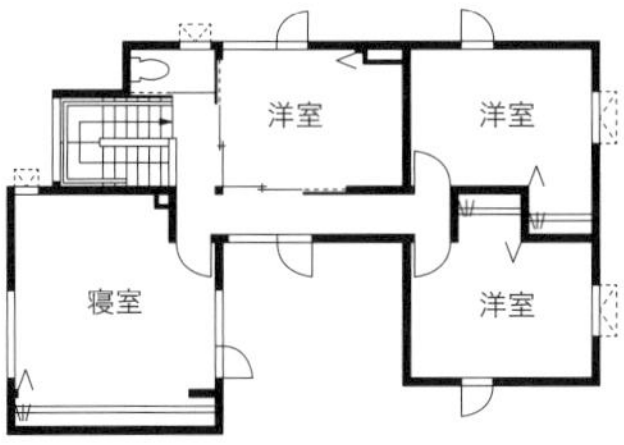

2F

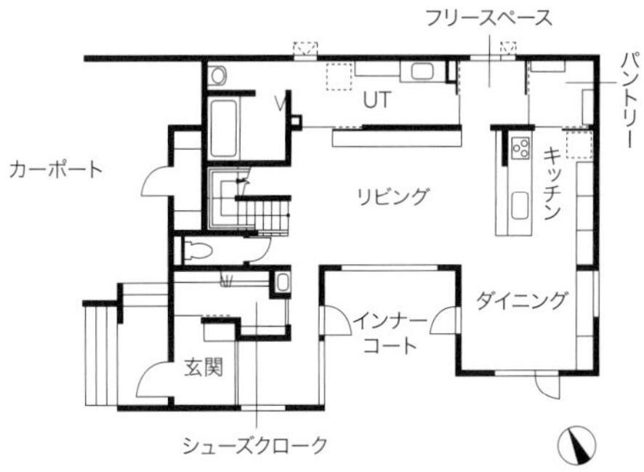

1F

(株)リビングワーク

札幌市厚別区厚別南6丁目2-10

0120-892-234
https://living-work.co.jp
E-mail:home@living-work.co.jp

実例をより詳しく見てみたい方は
Replan Webマガジンへ

Replanの本

好評発売中！

北海道の工務店や建築家との家づくりに役立つ「Replan北海道」や
北海道・東北の事例を多数紹介している薪ストーブの本がオンラインショップで好評発売中です。
「Replan北海道」はデジタル版もありますので、ぜひ販売サイトをチェックしてみてください！

NEW！ 書店とWebで発売中

Replan北海道 vol.139

2023冬春

¥980(税込)

巻頭特集　**住まいの色と素材**

エリア特集　旭川で建てるなら、ココ！2023

Webで発売中

薪ストーブで冬を楽しむ。2022

¥1,500(税込)

巻頭特集　**薪ストーブのある暮らし・四季**

購入はこちら　|　**雑誌のオンライン書店　Fujisan.co.jp**

バックナンバーや他地域の本も

住宅雑誌Replanは、家づくりをサポートするさまざまな本を発行。Replan Webサイトや大手通販サイトなどでは、バックナンバーや他地域向けの本もご購入いただけます。皆さんの素敵な家づくりの参考にぜひお役立てください。

※バックナンバーの詳細はP156へ

リプランの本　検索

※お近くの書店で取り寄せ可能な場合があります。書店担当者にお尋ねください。
https://www.replan.ne.jp/content/bookcart/index.php

Dealer and Showroom

旭川

コロポックル

〒078-8316 旭川市神楽岡6条3丁目1-28
TEL:0166-74-5788
営業時間:10:00〜18:00
定休日:冬期(10月〜4月)水曜
夏期(5月〜9月)日曜
https://asahikawa-korpokkur.com

お店についての詳細はReplan Webマガジン掲載のこちらの記事をご覧ください！

薪ストーブのご相談は、
道内の正規ディーラーへ

薪ストーブの機種や設置について熟知したディーラーが、お客様のご要望に合わせてプランニングをいたします。もちろんメンテナンスや薪の手配など、アフターサービスも万全。ぜひお近くのエープラス正規ディーラーにご相談ください！

札幌

神楽ストーブ

〒065-0041 札幌市東区本町1条8丁目2-11
https://kagura-stove.com

芽室町

十勝煖炉

〒082-0006 河西郡芽室町東芽室南2-14-13
https://tokachidanro.jp

a+

薪ストーブ輸入販売代理店 株式会社 エープラス
本店／事業本部　〒396-0217 長野県伊那市高遠町上山田 86　TEL：0265-94-6121
https://www.aplusinc.jp

北海道の森の息吹を
家に、暮らしに、届けるために。

大坂林業の新たな挑戦

年間200万本以上の植林用の苗を育てている大坂林業。2014年に広葉樹の薪販売の新サービスを始めた同社が、今2023年6月の営業開始に向けて準備を進めているのは「製材工場の設立」です。十勝管内で唯一、広葉樹の大径木を取り扱っていた老舗製材所「大正木材」の工場と機械と熟練技術を継承し、パルプ材になっていた十勝の広葉樹を、住宅や家具などに使える一枚板に製材。暮らしの中で「北海道の木」を身近に感じてもらえるよう、道産材に新たな価値を見出すとともに、地域の健全で永続的な森林サイクルの一端を担うことを目指して始動しています。

詳しいストーリーは、こちらの記事をご覧ください。
■「北海道の広葉樹」を家づくりに。大坂林業の新たな挑戦
https://www.replan.ne.jp/articles/37464/

有限会社
大坂林業

〒089-1707
中川郡幕別町忠類錦町438番地
TEL 01558-8-2236
https://osakaringyo.com

一緒に働く仲間を募集中です。
お気軽にお問い合わせください。

急騰の続く電気代 今後どうなる？

いごこちの科学

NEXTハウス

PROFILE

東京大学大学院工学系研究科
建築学専攻・准教授　前 真之 まえ・まさゆき

博士(工学)。
1975年広島生まれ。
1998年東京大学工学部建築学科卒業。建築研究所などを経て
2004年10月 29歳で東京大学大学院工学系研究科客員助教授に就任。
2008年から現職。
空調、通風、給湯、自然光利用など幅広く研究テーマとし、真のエコハウスを追い求めている。

寒さが続く中、あらゆるものが値上がりする2022年の冬は、特に厳しくなりそうです。そこで燃料費調整制度について、全国の電力事業者10社における最新の状況を確認するとともに、今後の対策を考えてみることにしましょう。

電気代の高騰が続く

新型コロナウイルス、そしてウクライナ侵攻に伴う世界的な製造・流通の混乱のためか、各国で物価の上昇が続いています。総務省が発表した2022年10月の消費者物価指数は、生鮮食品を除く指数が103・4となり、前年同月比で3・6％上昇しました。これは実に40年8ヵ月ぶりの高い上昇率で、電気代は20・9％、都市ガスは26・8％も上昇しました。物価上昇の中でも、世界的な争奪が繰り広げられるエネルギーの高騰は特に顕著なのです。

燃料価格に応じて変化する燃料費調整単価

電気料金のうち使用量に応じて課金される部分を従量料金と呼びます（**図1**）。このうち、「電力量料金」は電力会社が変更しない限り一定ですが、太陽光などの再エネを買い取る原資となる「再エネ賦課金」は毎年見直し（2022年は3・45円／kWh）、「燃料費調整単価」は燃料価格に連動して毎月自動的に変化します。昨今の電気代の高騰は、主に燃料費調整単価の上昇に伴うものですが、さらに電力会社による電力量料金の改定も重なってきています。

電力料金のプランには規制料金と自由料金がある

あまり知られていませんが、電力料金プランは「規制料金」と「自由料金」の2つに大きく分けられます。以前は全国に10社あった「一般電力事業者」が、発送電と販売を地域独占で一手に引き受け、発電にかかる全コストを反映した総括原価制により電気代を決めていました。これが「規制料金」で、東京電力の「従量電灯B」などが該当します。住民は規制料金プランからしか選べない一方で、電力事業者も電力量料金を改定する場合には国（経済産業大臣）に許可を受ける必要があり、燃料費調整単価にも上限が設けられるなど、消費者の保護も考慮されていました。

その後、電力販売の自由化が進められ、2016年4月からは家庭も含めて、すべての需要家が自由に電気の購入先を選べるようになりました。従来の一般電力事業者の小売部門を引き継いだ「みなし小売電力事業者」との契約を継続することもできますが、新たに「新電力」の小売事業者への切替えも可能になったのです。消費者が自由に小売事業者を選択できる一方で、事業者は電力量料金を自由に改定でき、燃料費調整単価の上限設定も任意になりました。こうした新しいプランを「自由料金」と呼びます。

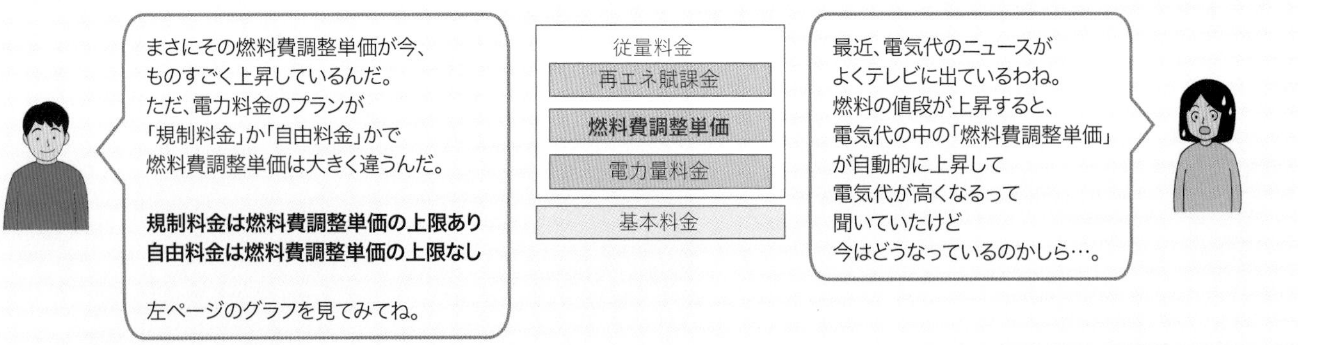
まさにその燃料費調整単価が今、
ものすごく上昇しているんだ。
ただ、電力料金のプランが
「規制料金」か「自由料金」かで
燃料費調整単価は大きく違うんだ。
規制料金は燃料費調整単価の上限あり
自由料金は燃料費調整単価の上限なし
左ページのグラフを見てみてね。
従量料金
再エネ賦課金
燃料費調整単価
電力量料金
基本料金
最近、電気代のニュースが
よくテレビに出ているわね。
燃料の値段が上昇すると、
電気代の中の「燃料費調整単価」
が自動的に上昇して
電気代が高くなるって
聞いていたけど
今はどうなっているのかしら…。

図1　電気代の仕組みと燃料費調整

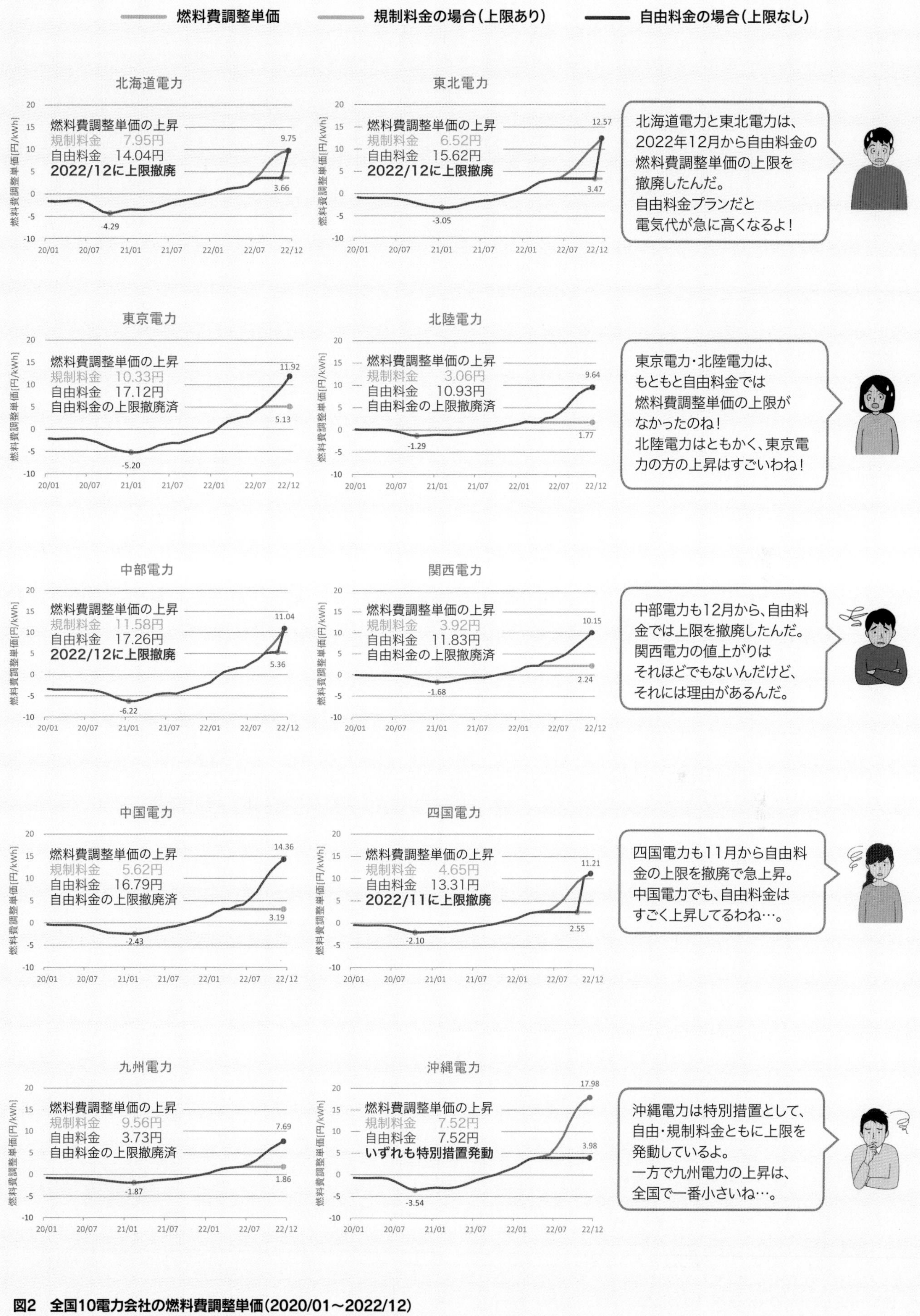

図2　全国10電力会社の燃料費調整単価（2020/01～2022/12）

本来は、規制料金は2020年に廃止される予定でしたが、切り替えの遅れから当面の継続が決まりました。このため現状では、以前からの「規制料金」と2016年からの「自由料金」、どちらのプランも多く契約されています。

自由料金の燃料費調整単価上限撤廃が相次ぐ

全国10社のみなし小売電力事業者における、燃料費調整単価の推移を**図2**に示します。単価自体は上昇しているのですが、規制料金では上限のところで抑えられています。

自由料金プランについて、東京電力などでは以前から燃料費調整単価の上限が撤廃されていました（沖縄電力は特別措置として上限設定）。上限が設けられていた自由料金プランについても、2022年後半から上限撤廃が相次いでいます。四国電力は11月に、北海道電力・東北電力・中部電力は12月に相次いで上限を撤廃しました。当該プランを契約している人は、電力消費量が同じでも、急に電気代が上昇することになります。これから暖房での電力消費が増える中、電気代には特に注意が必要です。

月々の電気代も急上昇

これまで電力量あたりの燃料費単価の推移を見てきましたが、月々の電気代の支払い金額はどれくらい変わるのでしょうか？　**図3**に示すように、関東甲信3人世帯の平均消費電力量（月404kWh）を想定し、全国10社の規制料金と自由料金プランにおける、月々の電気代を算出したのが**図4**です。プランはいずれも消費量が増えるに従い割高になる3段階料金です。併せて、直近の最安値からの値上がり金額と値上がり率も示しました。

沖縄電力以外の全社で、燃料費調整単価の上限が撤廃された自由料金の上昇は急激です。上昇率で見ると、東北電力で58・8%、東京電力で66・9%、中部電力で71・9%、中国電力で60・0%に上がります。一方で、北陸電力は44・4%、関西電力は47・9%、九州電力は38・6%の上昇に留まっています。電力会社による値上げ幅の違いは、後で分析してみることにしましょう。

規制料金の上限設定いつまで続く？

電力会社は規制料金から自由料金への移行を促すため、割引やポイント還元などにより、規制料金よりも自由

	規制料金の例	自由料金の例	太陽光発電量 [kWh/月]	削減分の単価 [円/kWh]
北海道電力	従量電灯	エネとくポイントプラン	419（北海道）	46.7
東北電力	従量電灯B	よりそう＋eねっとバリュー	476（宮城県）	44.3
東京電力	従量電灯B	スタンダードS	469（東京都）	44.9
北陸電力	従量電灯	従量電灯ネクスト	419（富山県）	36.1
中部電力	従量電灯B	おとくプラン	520（愛知県）	42.2
関西電力	従量電灯A	eおとくプラン	517（大阪府）	41.0
中国電力	従量電灯A	スマートコース	521（広島県）	46.8
四国電力	従量電灯A	おトクeプラン	545（香川県）	42.6
九州電力	従量電灯B	スマートファミリープラン	524（福岡県）	37.0
沖縄電力	従量電灯	グッドバリュープラン	605（沖縄県）	35.9

左のグラフの電気代は、以下の条件で計算しているよ。一般的な3人世帯の電力量想定で、全国10電力会社の規制・自由料金での電気代を計算しているよ。
自由料金で太陽光発電を載せた場合の削減額も示しているよ。

1ヵ月の消費電力　404kWh
（関東甲信の3人世帯）
太陽光発電容量　5kW
発電の自家消費　141kWh/月
（東京都における発電の30%）
余剰売電単価26円（2019年度）

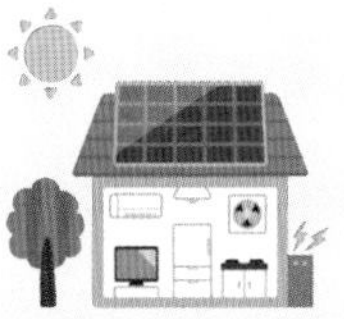

図3　家庭部門のCO_2排出実態統計調査 関東甲信3人世帯の平均消費電力量
太陽光の発電実績データ：ネット・ゼロ・エネルギー・ハウス実証事業調査発表会2021

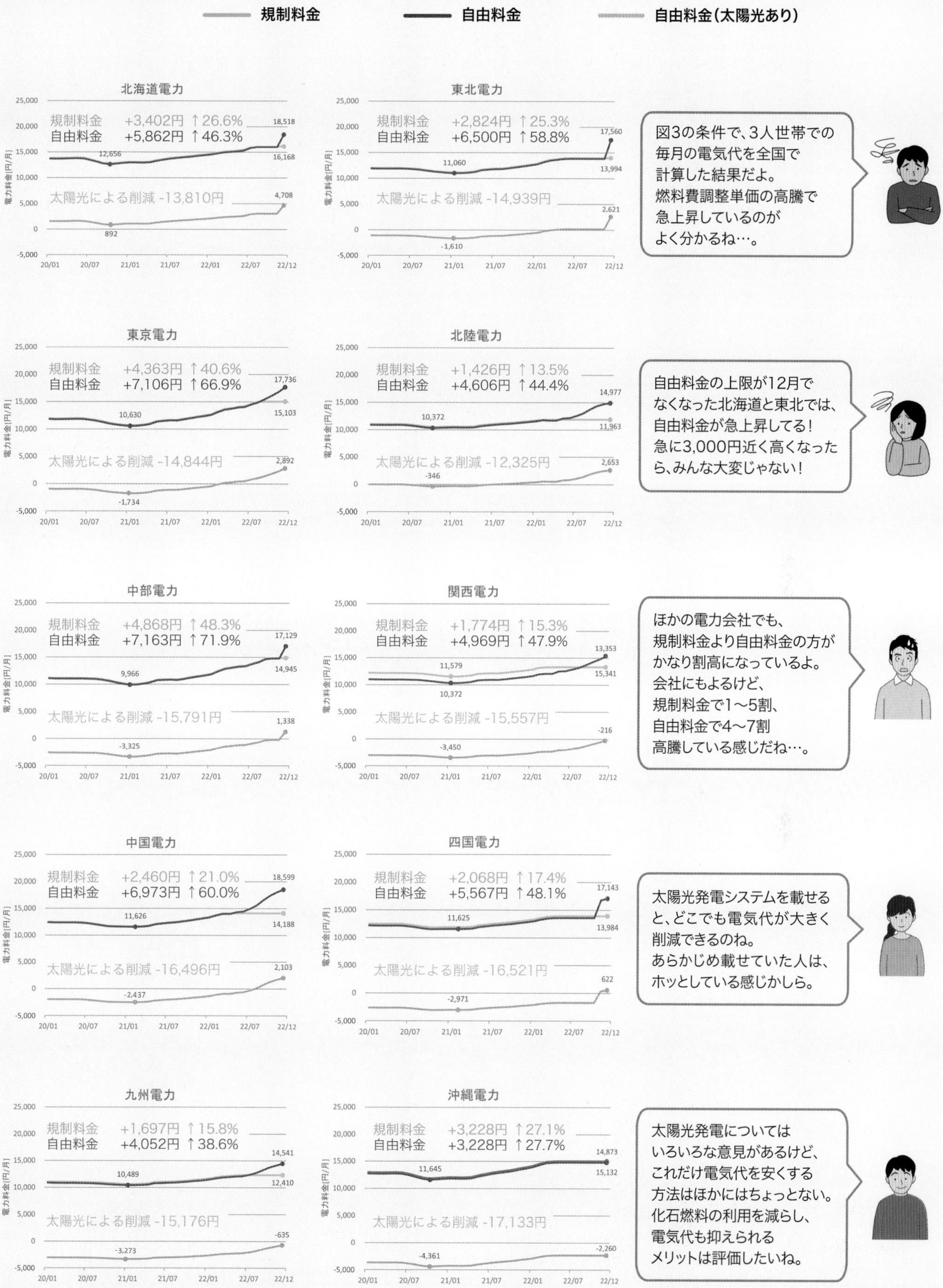

図4　3人世帯の月々の電気代の試算

料金の方を若干割安に設定する場合が一般的です。しかし燃料費調整単価が高騰した現状では逆転し、上限なしの自由料金に対し、上限ありの規制料金の方が割安になっています。

ただし実際の燃料費は高騰しているので、上限を超えた分の差損が電力会社の経営を大きく圧迫しています。そのため来年以降、多くの電力会社が電力料金の改定を申請することが予想されます。規制料金についても、燃料費調整単価の上限撤廃が焦点になるでしょう。物価高騰の中でスムーズに認可されるとは思えませんが、燃料高騰の負担を自由料金プランの契約者だけが負担するのもおかしな話です。規制料金の上限も、いつかは撤廃されると考えるのが自然でしょう。

太陽光発電の電気代節約効果 どの地域でも超強力

電気代の高騰は家計に大きな負担となっています。系統から購入する電気を削減する節電は必須ですが、目に見えて大きな効果があるのは、やはり太陽光発電です。**図3**の条件に従い、標準的な容量5kWの太陽光発電を2019年に設置した住戸について、電気代を計算しました。発電量は全国のZEH統計データより代表都道府県での実績値を用い、発電量の約30%を自家消費したと想定しています。

図4をもう一度見てみると、太陽光発電による電気代の削減効果は、いずれの地域でも非常に大きいことが確認できます。雪の影響が多いといわれる北海道・東北・北陸においても、年平均としては十分なコスト削減効果が得られます。また**図3**に示すように、太陽光発電の自家消費により削減できた買電の単価は、軒並み40円/kWh以上と高額です。電気代が高騰する中で、太陽光による節電メリットはかつてなく大きくなっているのです。

燃料費調整単価はなぜ 電力会社によって違う?

これまで燃料費調整単価の変化を見てきましたが、全国10の電力会社によって上昇幅は大きく異なっていました。その理由を考えてみましょう。化石燃料の高騰ですが、最近ではさらに進んでいます。**図5**に示すように、燃料費の直近最安値からの上昇率は、天然ガスで4・5倍、石油で5・2倍、石炭で6・9倍に達しています。世界的な資源高に、円安の進展が追い打ちをかけているのです。

各電力会社はこの燃料費に係数をかけて、燃料費調整単価を算出します。この係数は、各社の電源構成を反映しているのですが、**図6**に示すように

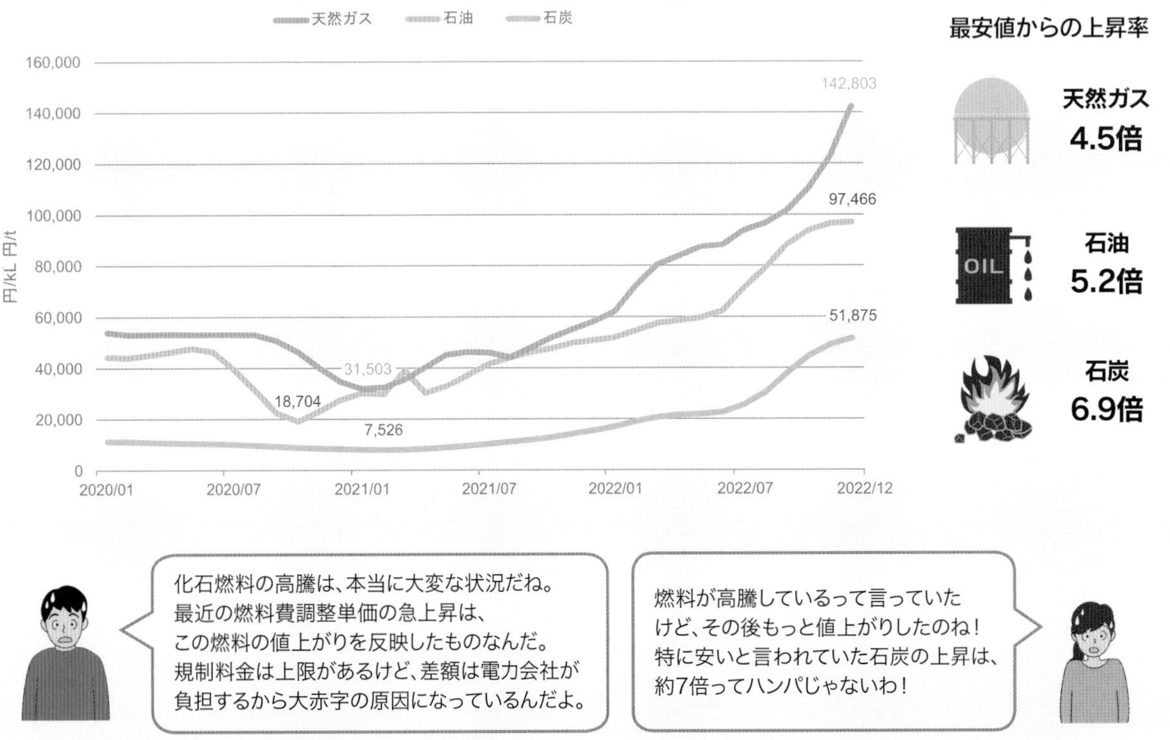

天然ガス
石油
石炭
160,000
140,000
120,000
100,000
80,000
60,000
40,000
20,000
0
円/kL 円/t
2020/01
2020/07
2021/01
2021/07
2022/01
2022/07
2022/12
142,803
97,466
51,875
31,503
18,704
7,526
最安値からの上昇率
天然ガス
4.5倍
OIL
石油
5.2倍
石炭
6.9倍
化石燃料の高騰は、本当に大変な状況だね。
最近の燃料費調整単価の急上昇は、
この燃料の値上がりを反映したものなんだ。
規制料金は上限があるけど、差額は電力会社が
負担するから大赤字の原因になっているんだよ。
燃料が高騰しているって言っていた
けど、その後もっと値上がりしたのね!
特に安いと言われていた石炭の上昇は、
約7倍ってハンパじゃないわ!

図5　燃料の3ヵ月平均の貿易統計価格
出展:東京電力

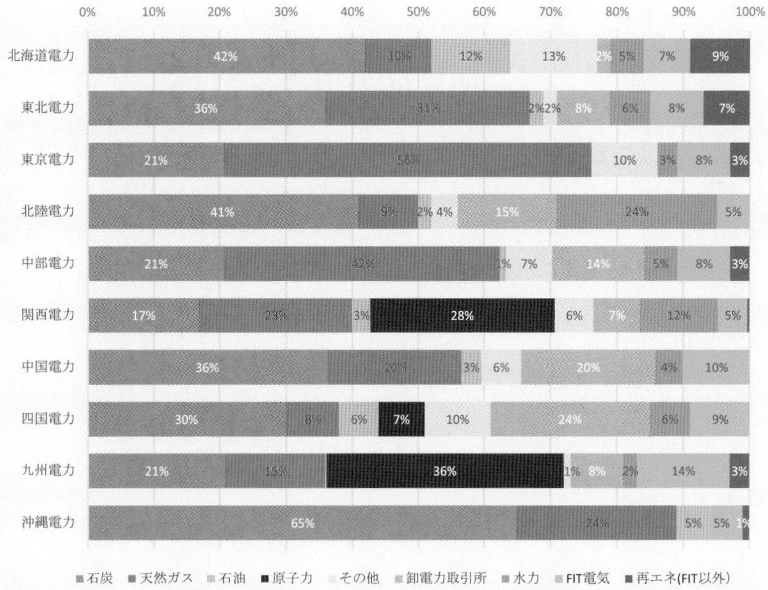

	燃料費調整単価の上昇額（自由料金）[円/kWh]	CO_2原単位 [$kgCO_2/kWh$]	損益 2022年度予想（2022年4～9月）
北海道電力	14.04円	0.533	-710億円
東北電力	15.62円	0.487	-1,083億円
東京電力	17.12円	0.452	(-1,433億円)
北陸電力	10.93円	0.484	-900億円
中部電力	17.26円	0.388	-1,300億円
関西電力	11.83円	0.308	-1,450億円
中国電力	16.79円	0.542	-1,390億円
四国電力	13.31円	0.533	-250億円
九州電力	9.56円	0.391	(-348億円)
沖縄電力	21.52円	0.696	-416億円

原子力発電の再稼働について議論が起こっているのも分からなくはないけど、なんとも悩ましいわね…。ともかくどこの電力会社も大赤字みたいだから、すべての料金で値上げラッシュが始まりそう…。

電力会社によって燃料費調整単価が違うのは、各社の電源構成が違っているからなんだ。原子力発電が多い関西・四国は単価の上昇が穏やかで電力量あたりのCO_2原単位も低いんだ。

図6　2021年度 全国10電力会社の電源構成

国債発行
総額 23兆円

令和4年度補正予算
総額 29兆円

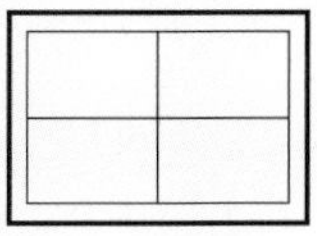

省エネ・再エネの推進
総額 3,849億円

電気料金対策
総額 2.5兆円

電気代
7円/kWh補助
標準世帯毎月2,800円軽減

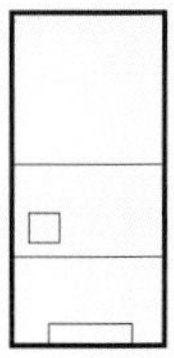

高断熱窓等の設置
1,000億円

都市ガス料金対策
総額 0.6兆円

ガス代
30円/m^{3}補助
標準世帯毎月900円軽減

高効率給湯器の設置
300億円

燃料油価格激変緩和措置
総額 3.0兆円

ガソリン代
30円/L補助

本当に悩ましいよね…。
でも補正予算の一部で、省エネ・再エネの推進も行われることになったんだ。
既存住宅への高断熱窓と高効率給湯器の設置というコスパの良い対策に集中して予算がついたのは、画期的とも言えるね。

この間ニュースを見ていたら、電気代とガス代の補助が発表されたと言っていたわ。
電気代が少し安くなるのはありがたいけど、それって今ちょっと楽するために、将来に借金を積み上げているってことよね。
こんなのでいいのかしら…。

図7　住宅関連の補正予算

会社ごとに大きく異なります。天然ガス（LNG）や石炭の割合が大きい東北電力・東京電力・中部電力は、燃料費調整単価の上昇が大きくなっています。一方、水力の割合が大きい北陸電力や、原子力が多い関西電力や九州電力では上昇が抑えられています。

原子力発電は、燃料が比較的安価で、CO_2排出量も少ないなどのメリットがあります。一方で、安全性確保や最終処分も含めたトータルのコスト負担が不透明などの課題があります。化石燃料の高騰を受けてか、原子力の再稼働や運転延長・新増設などが矢継ぎ早に報道されますが、果たして十分な議論と検討が尽くされているのでしょうか。

今年は電力料金大波乱？

図6で分かるように、全国10の電力会社はいずれも2022年度は記録的な大赤字となる見込みです。この赤字の原因は、前述の規制料金の上限に伴う差損だけではありません。燃料費調整制度は1996年に導入されたもので、調整単価の算出に用いる係数は、現在の電源構成を必ずしも反映していません。そのため、現状の燃料費調整単価では燃料費高騰を吸収しきれていない会社も少なくないようです。

いずれにしろ2023年は、ありとあらゆる広範な電力料金の大改訂、大幅な値上げが避けられそうにありません。安い電気に慢心して、省エネや再エネをサボってきた日本にとっては、つらい時代に入ってしまうのかもしれません。

借金頼みの電気代補助 断熱窓と給湯器に期待？

2022年11月に総額29兆円という大規模な補正予算が発表されました（**図7**）。そのうち、実に2.5兆円が電気代補助に充てられます。1kWh当たり7円の補助で、標準世帯では月2800円の削減になるとされています。

電気代の補助は負担感を一時的に和らげますが、結局はお金がエネルギー事業者や商社を経てエネルギー輸出国に流れ出るだけで、日本国内には何も残りません。また電気代が安くなると省エネ・再エネの普及が停滞することは、戦後何度も繰り返されてきました。また前述のように電力料金の大幅値上げが認められた場合、値上げ分で補助分があっという間に相殺されかねません。「電力会社が値上げしやすくするために国が補助する」というのは、果たしてうがった見方でしょうか。

そもそも、この補正予算は23兆円もの巨額な赤字国債で穴埋めされたものです。今ちょっとだけ楽して対策を先送りするために、次世代にさらなる負担を押し付けていいのか。筆者は大いに疑問です。

そんな補正予算ですが、一部に期待が持てる部分もあります。特に省エネの推進について、「高断熱窓等の設置」に1000億円、「高効率給湯器の設置」に300億円が充てられるのは注目に値します。住宅の省エネリフォームは以前から課題でしたが、これまで実効的な政策は打たれてきませんでした。今回、最も断熱効果が大きい窓改修と、最も省エネ効果が大きい給湯器、この2つに集中的に予算がつけられたのは、遅ればせながら国の本気を感じさせるものになっています。

電気代について全国10の電力会社の実情と今後を考えてみました。今年は電気代のさらなる値上げも予想される「電気代がマジで痛い時代」。その一方で、断熱・省エネ・再エネの価値はますます高まっているとも言えそうです。建設費高騰の中でも、住んでから電気代に困らない家づくりは絶対に諦めてはいけないのです。

Youtube「エコハウスの科学」

エコハウスの見つけ方　検索

建物の性能やエネルギーのことについてお話しする動画を配信しています。お施主様向けの「エコハウスの見つけ方」では、家を建てるときに知っておきたい基本知識を、なるべく分かりやすくお伝えしています。ぜひご覧ください！

Replan Web
マガジンで
連載中！

現場に精通した高断熱・高気密住宅の第一人者 鎌田紀彦の

Q1.0住宅デザイン論

30年以上にわたって在来木造住宅の高断熱・高気密化を研究し、性能とデザインは両立できることを説き続けてきた鎌田紀彦氏。高断熱・高気密住宅の建築コストの適正化にも取り組み、現在、暖房エネルギーが1/2〜1/4で済むような高性能住宅が、普通の人でも十分手の届く価格でつくれるようになっています。
連載「Q1.0住宅デザイン論」では、氏がこれまでの活動の中で設計した住宅、あるいは氏とともに新住協を支えている会員の設計などを紹介しながら、そこから生まれた新しい技術や、高断熱・高気密住宅ならではのデザイン、計画手法を紹介しています。

専門家向け ー 鎌田紀彦のQ1.0住宅デザイン論　2022.7.14

第28回「省エネ基準の強化　5〜7等級の新設」

現場に精通した高断熱・高気密住宅の第一人者・鎌田紀彦氏のこれまでの活動の中で設計した住宅、氏と共に新住協を支えている会員の設計などを紹介しながら、そこから生まれた新しい技術や計画手法、高性能住宅ならではのデザインを紹介します。

HEAT20のG2・G3仕様を そのまま採用した6・7等級

私は、十数年前にQ1.0住宅レベル1〜4の仕様を決めるにあたって、モデル住宅の断熱仕様をいろいろ変えて、QPEXで全国800以上の地点の暖房負荷を計算しまくりました。

レベル1は、全国の一般住宅の標準的な暖房エネルギー消費量の半分以下になるようにと考え、また当時の高断熱住宅の一般的な断熱仕様やその工法を考慮して、できるだけローコストになるように決めたつもりです。レベル2〜4については、暖房エネルギー削減量を10%ずつ増やしたのですが、その仕様の工法についても同様に考えています。この十数年間に、新住協の会員は多くのQ1.0住宅を建てて、今ではQ1.0住宅レベル3で全棟建設を目標にしています。

私は、あくまでも暖房エネルギーを小さくすることを考えてきましたが、省エネ基準では、住宅外皮の平均熱貫流率UA値などで基準が構成されています。今回の改正で5〜7等級が新設されました。

それを表1に示します。

地域区分		1	2	3	4	5	6	7
省エネ基準住宅	4 等級	0.46		0.56	0.75	0.87		
	5 等級	0.40		0.50	0.60			
	6 等級	0.28			0.34	0.46		
	7 等級	0.20			0.23	0.26		
Q1.0住宅	レベル−1	0.34		0.38	0.47	0.49	0.51	
	レベル−2	0.31		0.35	0.40	0.43	0.45	
	レベル−3	0.25	0.27	0.28	0.31	0.35	0.39	

今度は、C社のサッシで、ガラスを変えて住宅の暖房エネルギーを計算してみます。計算する住宅は、120㎡のモデルプランで、断熱レベルはQ1.0住宅レベル3す。2地域のQ1.0住宅レベル3の標準仕様例では、このC社のトリプルガラスが使われています。窓構成に、南窓にハニカムサーモブラインドを設置する例も加えます。計算結果を図4に示します。

開口部ガラス構成	住宅			ガラス	
	Q値	UA値	開口部総熱損失	熱貫流率	日射侵入率
	W/㎡K	W/㎡K	W/K	W/㎡K	−
C社標準的ペアガラス	0.838	0.293	39.7	1.19	0.60
同上＋ハニカムブラインド	0.817	0.285	37.2		
Newペアガラス	0.830	0.290	38.7	1.13	0.68
同上＋ハニカムブラインド	0.809	0.282	36.3		
C社標準的トリプルガラス	0.462	0.263	30.6	0.64	0.46
Newトリプルガラス	0.757	0.262	30.1	0.61	0.58
同上＋ハニカムブラインド	0.746	0.257	28.7		

札幌	
暖房エネルギー	Q1.0評価
kWh	%
3,718	33.6%
3,524	31.8%
3,466	31.3%
3,287	29.7%
3,333	30.1%
3,048	27.5%
2,944	26.6%

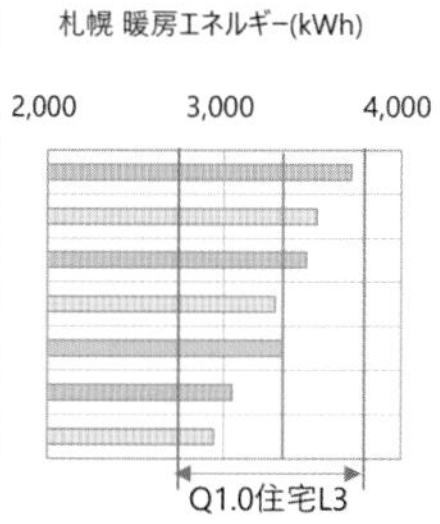

帯広	
暖房エネルギー	Q1.0評価
kWh	%
3,910	31.9%
3,688	30.1%

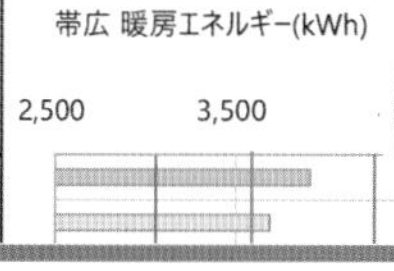

スマートフォンでもサクサク読める！

北国で豊かに暮らしていくための高断熱・高気密な家づくりの知識を
連載「Q1.0住宅デザイン論」を通じて深めてみませんか。

● https://www.replan.ne.jp/articles/category/professional/q10-design-theory/

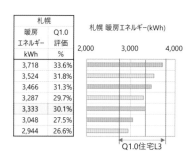

家づくりで大切なことは、
自分たちの今現在の暮らしをしっかりと把握すること。
理想を追い求めるあまり、
住みこなせない家になってしまったら本末転倒です。
ミライエホームは、家づくりをする前に必ず自宅を訪問します。
そして家族の習慣や癖を設計者の目で直接確認し、
その情報をもとに会話を重ねることで
見えてくる「本当の快適さ」を追求。
それがミライエホームの「暮らしをみつめる家づくり」です。

暮らしをみつめる家づくり

MIRAYE HOME

旧居のポテンシャルと大切にしたい家族の習慣

旧居は築40年を越える古い民家。隣家は奥さんのご実家で、自由に行き来をしながら庭でBBQを楽しむのがSさんご一家の日課でした。「とはいえ古い家でしたから、単身赴任中の夫が戻ってくるタイミングで建て替えを決めました」と奥さん。情報収集のために訪れた住宅展示場でミライエホームのモデルハウスに一目ぼれ。最終的に3社まで絞って検討した結果、「カーポートを設置してBBQ中は車を停めて往来の視線を遮る」という家だけではなく、敷地全体をとらえて家族の過ごし方を考えた提案に感激し、ミライエホームでの家づくりを決意しました。

「庭との間にBBQのときに使う炭や道具を置くサンルームのような場所があり、ご家族はここをうまく活用されていました」と話すのはミライエホームの横川社長。「洗濯物をたたむ、勉強をするといった多目的な部屋がリビング横にあって、そこには家族が眺めて楽しむアルバムやDVD、ラベルを貼って管理されている印鑑などの備品類が、片付け上手の奥さんによって整然と並べられていました。ほかにもキッチンや玄関にアクセスしやすい家の中心に置かれた化粧台、昔の家ならではの広い玄関など、旧居は古いけれどご家族にとっての暮らしやすさがありました」と、自宅訪問を通してSさんご一家の暮らしの深部が見えてきました。

「特別意識はしていなかったけれど、古い家にはそれなりの使いやすさも確かにありました。横川社長に直接見てもらうことで、自分たちの暮らしに必要なもの、不要なものを明確にすることができました」と奥さん。新たな住まいは、こうした旧居の暮らしやすさや家族の習慣を内包しながら、これまで以上に快適に刷新するプランとなりました。

右：正面にカーポートを配置したことで、BBQ中は車を停めて往来の視線を遮ることができる。塀で囲ってしまうのではなく、必要に応じて閉じたり開いたりできる可変性にSさんご一家は惹かれた　左：BBQスペースにはコンクリート平板を設置。より快適にBBQが楽しめるようになった

壁付きキッチンだった旧居では自作の作業台を作って対面式にしていたSさん宅。広くて使い勝手の良いキッチンは食事の支度がスムーズに

ヒアリングメモ 大公開!

ミライエホームでは、家づくりの前に必ずお施主さんの自宅を訪問。
家族の癖や習慣を設計者の目線で確認、会話を重ねた上でプランを進めます。
一見すると些細な暮らしのピースを集めることで、理想の住まいが見えてきます。

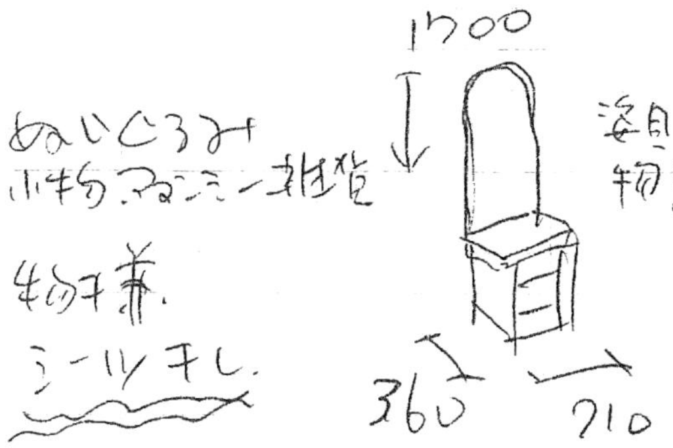

▲
持っているもの、使うものだけでなく、機能として必要なものも細かくメモ

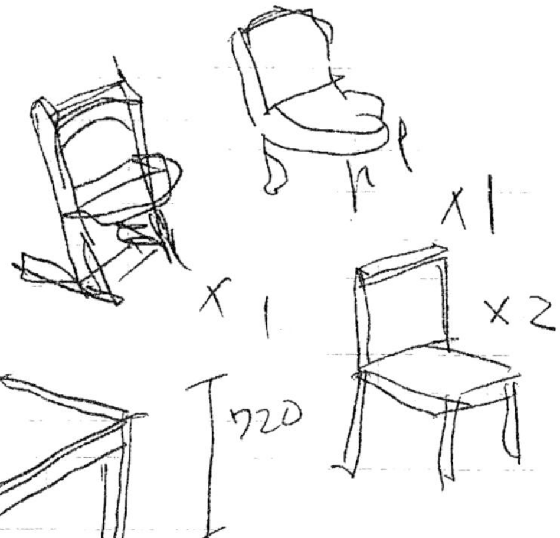

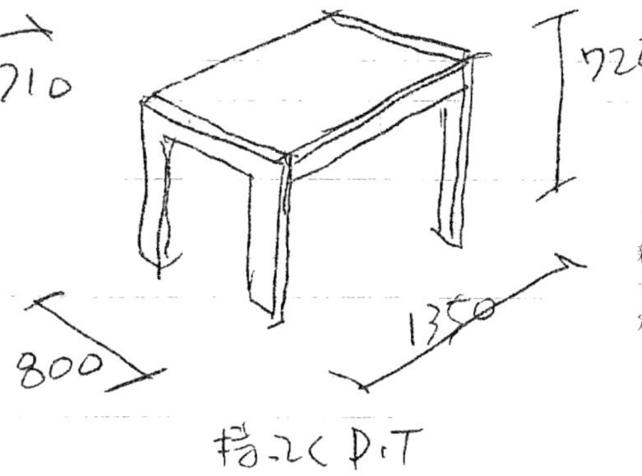

◀
新居でも使うものは細かく採寸・リストアップし、行き先を決定していく

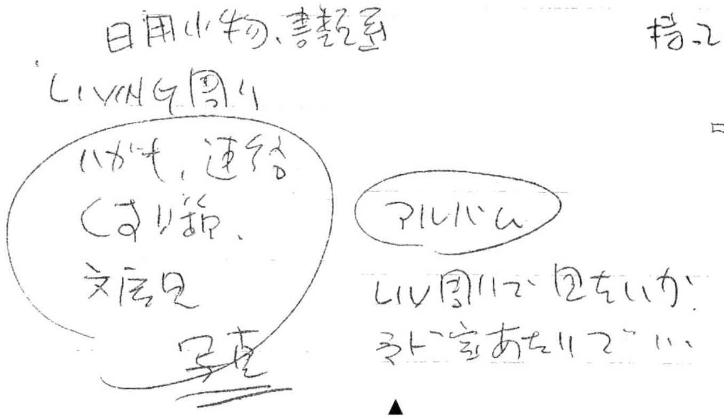

▲
収納の中に入れる物と、それが使われるシーンも細かく想定してプランに反映

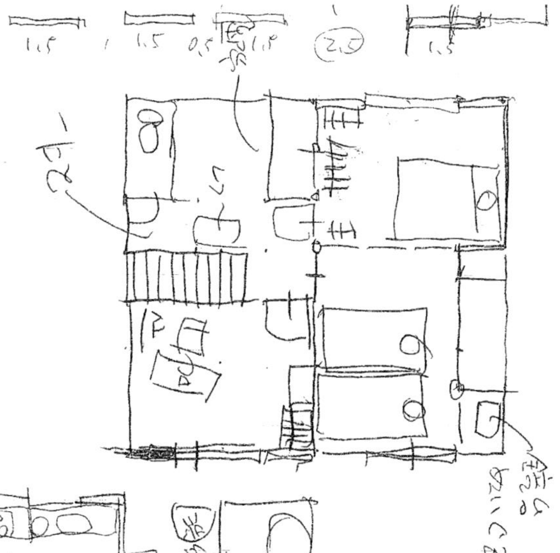

▼
あるものを生かす場合、同じ機能を持った新しい場を設ける場合、さまざまな可能性をシミュレーション

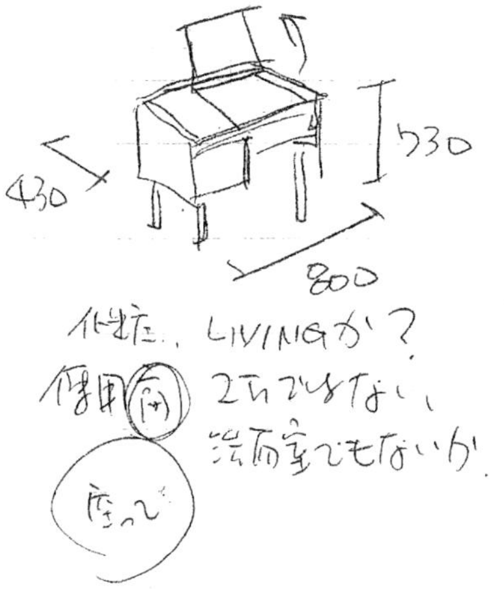

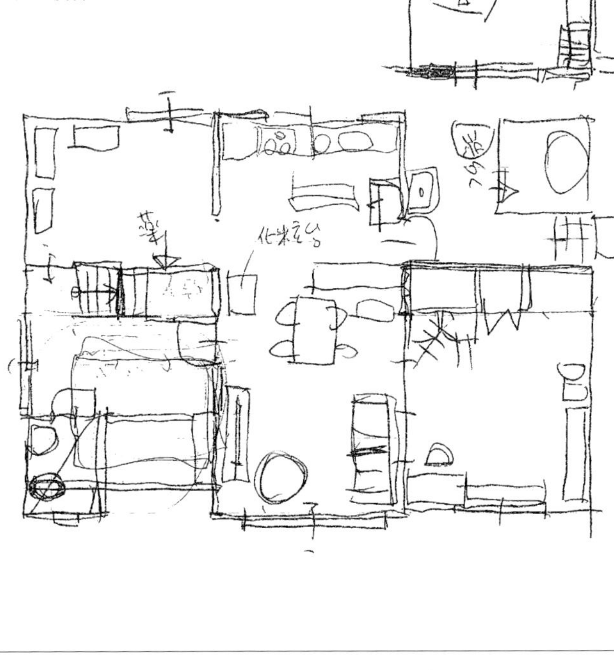

▲
部屋の配置や持ち物の量・位置だけでなく、生活の中での動線や家族の癖なども細かくヒアリングしていく

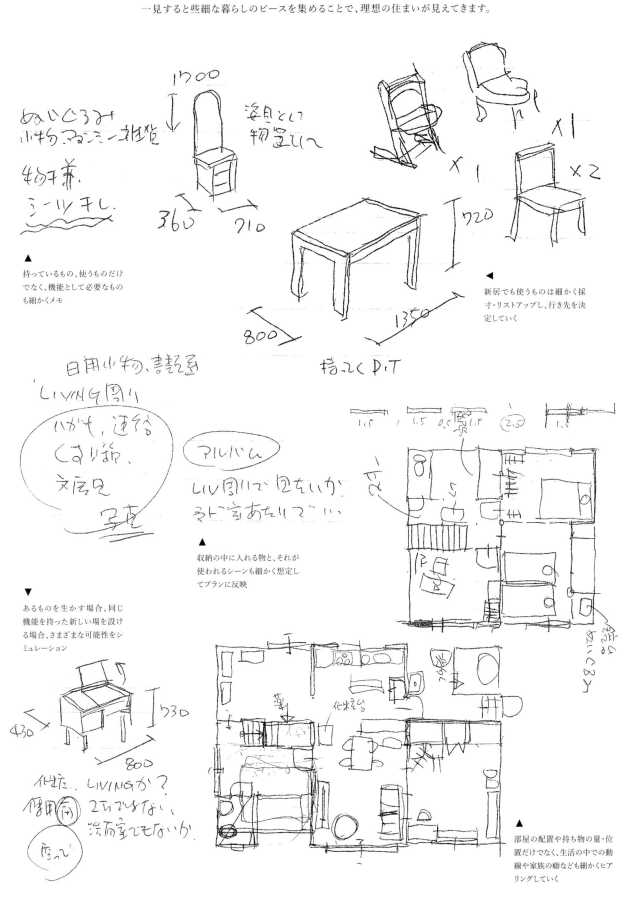

旧居のリビング横の居室が担っていた収納は、柱が緩やかに空間を分けるリビング横のスペースが受け止めている。思い出のアルバムを眺める習慣があったというSさんご一家。すぐにアクセスできる場所にあることで、その習慣は新居でも続いていく

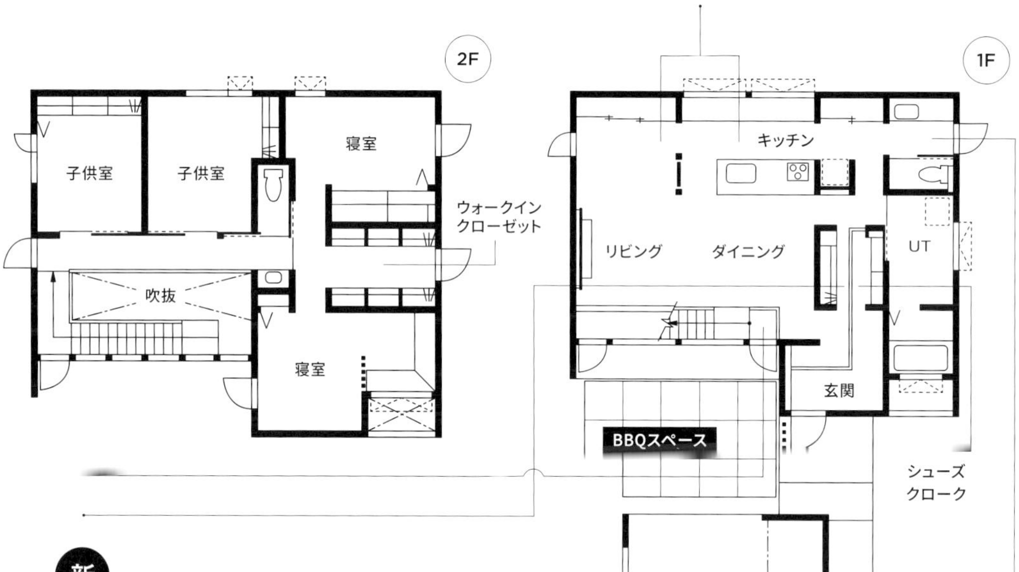

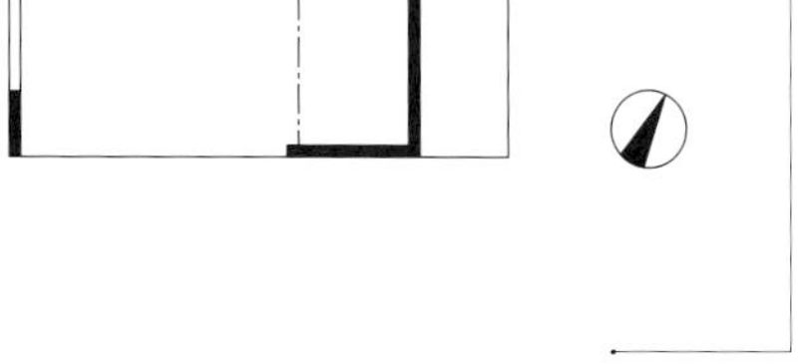

旧居の玄関は古い家ながらの広さがあり、コートや靴などを置けるスペースはあったけれど、収納がなく雑多な印象だった。旧居の玄関まわりを覆っていた諸々もシューズクロークがしっかり収納。半分が土間、残り半分が室内側になっているのも便利

旧居では住まいの中央にあったという奥さんの化粧台。同様の機能をキッチン横の洗面スペースに併設することで、習慣を変えずに利便性を向上させた

吹き抜けの開放感が心地よい土間。居間と庭の間にあったサンルームを中間領域として上手く活用していた旧居の暮らしぶりから着想を得て、内と外の行き来をスムーズにしている

家族の会話が弾むダイニング・キッチン。BBQのときのキッチンと庭の行き来もスムーズ

暮らしに一歩踏み込んだ想像以上の快適さ

2022年5月に完成したSさんご一家の新たな住まい。「この夏は数えきれないほどＢＢＱを楽しみました」と新居でもいつもの日課を満喫しています。庭に面した南側の開口は、窓際に土間をつくることで内と外の行き来をより一層スムーズに。土間とフラットにつながる庭のコンクリートテラスは、ＢＢＱ道具を置くなど、かつてのサンルームの役割を果たしていて、これまで以上にＢＢＱを楽しめる環境が整いました。

玄関周りにずらりと並んでいた靴やコートは、土間玄関が続く２ＷＡＹ動線のシューズクロークに収納。仕切りのないの開放的なＬＤＫの一角には、大容量の収納を備えたスペースを、現しの柱で空間を緩やかに区切りながら配置。「旧居のリビング横の部屋同様に、暮らしの中の雑多なものを受け止める領域が必要でした」と、横川社長がその意図を語ります。

片付け上手の奥さんがラベルを貼って整頓していたアルバムや思い出のＤＶＤ、諸々の書類なども、この大容量の収納にそのまま集約。「アルバムやＤＶＤは2階の収納に片付けてしまったら、頻繁に眺めることができません。この場所に置くことに意味があるんです」と横川社長。子どもたちのアルバムやＤＶＤを手に取って、家族で思い出を振り返って楽しむ時間は、変わらず続くSさんご一家の大切な習慣です。

部屋の中央に置かれていて、リビングや玄関へのアクセスも良かった化粧台の機能は、幅広

上右：吹き抜けのFIX窓から取り込む光が階段ホールに注ぐ　上左：長女の部屋は本人の希望により白を基調に統一
下右：リモートワークにも適した2階の書斎。アクセントウォールで落ち着いた空間に　下左：手前を左に折れるとLDKへ、土間が続く奥へと進むとシューズクロークを介して洗面やパントリー・キッチンにアクセスできる

の洗面台と横並びに配置。アクセスの良さはそのままに、より広くて使い勝手の良くなった場所で身支度が整えられるようになりました。
「洗練されたデザインの中に、私たち家族の暮らしやすさが詰まっています。毎日が快適で、新居になってから、ずっと嬉しさが続いているんです」と、笑顔で話す奥さんでした。

MIRAYE HOME
株式会社 ミライエホーム
札幌市豊平区豊平3条9丁目2番6号
TEL.011-821-3131
https://www.miraye.co.jp

ホームページ
リニューアル公開中!

家族構成／夫50代、妻40代、子ども2人

Back Number

バックナンバー販売のご案内

Replanのバックナンバーは、
各地の書店やコンビニエンスストア（一部取り扱い有）、
オンラインショップを通じてご購入いただけます。
なお在庫切れの場合もございますので、ご了承ください。

▶Replan北海道

vol.136
2022春夏
¥770（税込）

特集
窓を知る

●エリア特集
十勝で建てるなら、ココ！ 2022

vol.137
2022夏秋
¥770（税込）

特集
狭くない 30 坪の住まい

●エリア特集
札幌で建てるなら、ココ！ 2022

vol.138
2022秋冬
¥980（税込）

特集
工務店と建てる？
建築家と建てる？

●エリア特集
KIECEで建てるなら、ココ！ 2022

NEW

vol.139
2023冬春
¥980（税込）

特集
住まいの色と素材

●エリア特集
旭川で建てるなら、ココ! 2023

●新築ルポ ー住まいのカタチー
●北の建築家
●いごこちの科学 NEXTハウス
●Q1.0住宅デザイン論

vol.133
2021夏秋
¥770（税込）

特集
間取・動線・造作
住まいの工夫

vol.134
2021秋冬
¥770（税込）

特集
いまどきキッチン

●エリア特集
江別で建てるなら、ココ！ 2021

vol.135
2022冬春
¥770（税込）

特集
暮らしが変わる
リノベーション

●エリア特集
旭川で建てるなら、ココ！ 2022

デジタル版の購入はこちら ▶ 雑誌のオンライン書店 Fujisan.co.jp

＜インターネット購入について＞

オンラインショップでは「数年前のバックナンバーを購入したい」「コンビニ＆クレジットカードで支払いたい」
「デジタル版を購入したい」など、ご希望に合った購入方法を選択できます。
※送料は各サイトで異なります。　※Rakutenブックス、HMV＆BOOKS、TSUTAYAオンラインショッピングでも一部お取り扱いがありますのでご利用ください。

○Replan Webサイト
https://www.replan.ne.jp/backnumber
本誌・特別編集号の最新号および完売・品切れ以外のバックナンバーが購入可
支払方法：郵便局ATM（郵便振替用紙発行）

○Amazon
https://www.amazon.co.jp
最新号のほか、一部バックナンバーも購入可
支払方法：コンビニ・代金引き換え・クレジットカード払いなど

○Fujisanマガジン
https://www.fujisan.co.jp
最新号のほか、一部バックナンバーとReplan北海道デジタル版の購入可
支払方法：コンビニ・クレジットカード払い、銀行振込など
※雑誌で完売の号も、デジタル版ではご購入いただけます

＜年間購読のお知らせ＞

Replan北海道では、年間購読のお申し込みを受け付けています。
送料は無料です。詳細はReplan Webサイトをご覧ください。

Replan北海道は、年4回発行の季刊誌です。
発行月：3月、6月、9月、12月

※ Replan東北は、2021年より各県版の年刊誌となりました

▶Replan東北/東北各県版

vol.69
2020夏秋
¥770(税込)

特集
「新しい住まい様式」を学ぶ
職住一体の家
●エリア特集
宮城で建てるなら、ココ！ 2020

vol.70
2020秋冬
¥770(税込)

特集
新しい二世帯住宅のカタチ
●エリア特集
福島で建てるなら、ココ！ 2020

Replan北海道 2022夏秋号 臨時増刊
Replan宮城 2022
¥980(税込)

特集
いまどきキッチン

Back Number
Replan宮城 2021 ¥980(税込)

Replan北海道 2022秋冬号 臨時増刊
Replan福島 2022
¥980(税込)

特集
狭くない30坪の住まい

Back Number
Replan福島 2021 ¥980(税込)

NEW

Replan北海道 2023冬春号 臨時増刊
Replan青森 2023
¥980(税込)

特集
窓を知る

Back Number
Replan青森 2022 ¥980(税込)

▶Replan特別編集

東北

Replan北海道 2021冬春号 臨時増刊
Replan青森 vol.7
¥980(税込)

特集
平屋の暮らし

Back Number　vol.2,3,5 ¥998(税込)
vol.6　¥980(税込)
※ vol.1,4は完売

関西

Replan北海道 2021春夏号 臨時増刊
Replan関西 vol.3
¥770(税込)

特集
環境を活かし快適に
これからの住まい

Back Number　vol.2 ¥693(税込)
※ vol.1は完売

東北

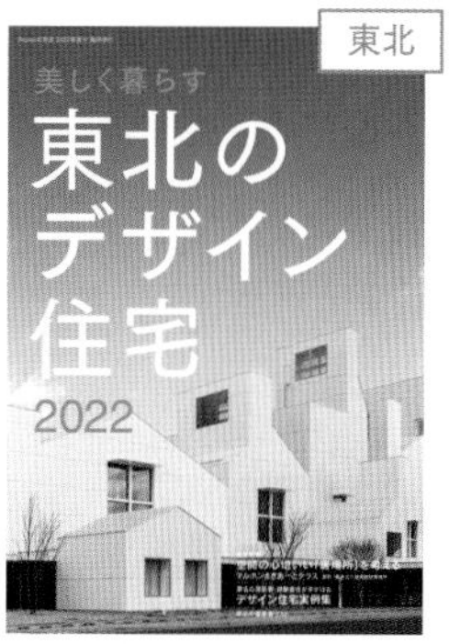

Replan北海道 2022春夏号 臨時増刊
東北のデザイン住宅
2022
¥980(税込)

特集
空間の心地いい
「居場所」を考える
マルホンまきあーとテラス

Back Number
2017,2018,2019年版 ¥998(税込)
2020,2021年版 ¥980(税込)

東北

Replan北海道 2022秋冬号 臨時増刊
東北の工務店と建てる。
2023年版
¥1,200(税込)

特集
工務店との家づくりSTORY

北海道・東北

Replan北海道 2021秋冬号 臨時増刊
薪ストーブで冬を楽しむ。
2022
¥1,500(税込)

特集
薪ストーブのある
暮らし・四季

●ここでご紹介している以外の本につきましては、Replan Webサイトをご覧ください。 リプランの本 検索

＼ SOLD OUTの号もご購入いただけます！ ／

Replan北海道
デジタル版のご案内

住宅雑誌Replanでは、オンラインで簡単に購入して読める「デジタル版」も販売しています。
最新号はもちろん、雑誌ではすでに売り切れのバックナンバーも、デジタル版なら購入可。ぜひご活用ください！

内容は
＼ **雑誌と同じ！** ／
お手元のスマホや
タブレットで
手軽に読めます

雑誌ではすでに売り切れた人気の号は、デジタル版でcheck！

Replan北海道 vol.121

2018夏秋

巻頭特集
工務店・建築家・ハウスビルダー　誰と建てる?

特集連動企画
専門家30人に聞く、家づくりの約束

広告企画
この工務店・ハウスビルダー　ここがすごい！

Replan北海道 vol.131

2021冬春

巻頭特集
平屋の暮らし

特集連動企画
形いろいろ。理由さまざま。平屋の見た目

エリア特集
旭川で建てるなら、ココ！ 2021

購入はこちら

雑誌のオンライン書店　Fujisan.co.jp
https://www.fujisan.co.jp/product/1281690264/b/list/

Replan Tool

リプランでは、家づくりに役立つさまざまなツールをご用意しています。
お好みのツールを使って家づくりの情報収集をはじめましょう。

リプランclub

会員募集中

リプランclub会員になると、住宅関連の最新ニュースやオープンハウス、イベントなどの情報を定期的にメールマガジンでお届けします。

登録方法

リプランWebサイトの専用フォームからお申し込みいただけます。

https://www.replan.ne.jp/repmag/mmq/

iLoie（イロイエ）を使う

工務店、建築家、ハウスメーカーから建材会社やショップ、ショールームまで家づくりに関するあらゆる会社の情報を提供する、家づくりのポータルサイトです。「iLoie（イロイエ）」を活用して、自分にぴったりな家づくりのパートナーを見つけましょう！

https://www.iloie.com

イロイエ　検索

まとめて資料請求

リプランを見て気になる建築会社が見つかりましたか。リプランWebサイトの専用フォームを使えば、資料送付を希望する企業にチェックを入れて送信するだけで、複数の企業にまとめて資料請求ができます。

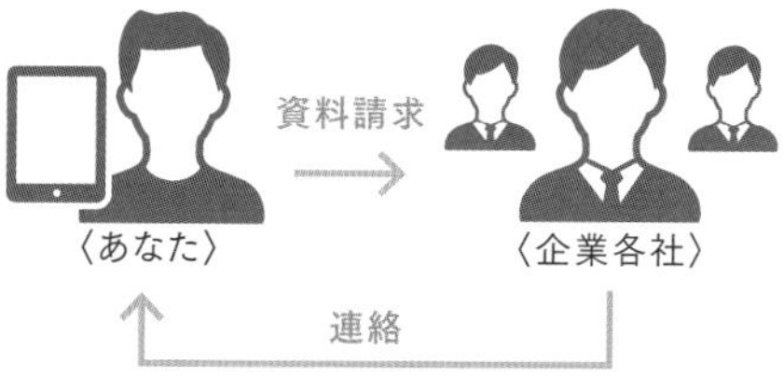

https://www.replan.ne.jp/repmag/shiryo/hk2023/

※企業から資料が届くまでに多少のお時間がかかることがございます。
※住所の確認などで各社から連絡がある場合もございます。

今号に掲載されている企業については、下記の企業一覧INDEXをご参考ください。

まとめて資料請求の企業一覧　INDEX

個人情報の取り扱いについて

お預かりした個人情報については、アンケート回答の集計、資料・バックナンバーの送付のほか、当社刊行物・イベントのご案内、取材・アンケートのお願いなどにも使用させていただく場合がありますので、ご了承ください。皆様からリプランがお預かりした個人情報については、（株）札促社が責任を持って管理いたします。個人情報に関するお問い合わせは下記までご連絡ください。なお、個人情報は原則として、ご本人に限り、訂正・削除を求めることが可能です。ご連絡いただければ、訂正・停止処理いたします。
個人情報管理者／（株）札促社 リプラン　津田　進　TEL 011-641-7855

編集後記

能動的なパートナー選びが
家族の未来を決める

私たちは30年以上にわたり、『Replan北海道』『北の暮らしデザインします』『北海道の暮らしの演出家たち』『薪ストーブで冬を楽しむ。』といったさまざまな切り口での住宅雑誌の出版を通じて、北海道での家づくりを取材し続けています。

新築で住宅を持ちたいと思ったとき、現在の日本でのスタンダードなパートナーやはりハウスメーカーだと思います。もちろん、「良い家を建てる」という軸においてはハウスメーカーも、工務店も、建築家の在籍する設計事務所もそれぞれの方法で進化し続けています。一方、「その土地に暮らすその家族のためだけの家を建てる」という側面を見てみると、地域で活動する「工務店」の存在の頼もしさが見えてきます。

私たちが取材で日々会話する工務店の方々からは、本心から「良い家をつくりたい」「住む人を幸せにしたい」と思っていることが伝わってきます。企業活動として競争力を高めたい、売上を上げたいという努力があるのと同時に、「自分たちに家づくりを相談しにきてくれたお施主さんを幸せにするためにはどうしたらいいか」を真剣に考え、お施主さんの声を聞き、デザインや技術を研究し、実践している姿に毎回驚かされます。

今回は、そんな頼りがいのあるパートナーと家づくりをした家族の声をたくさん集めてみました。まだまだ小さい地域工務店の声が、求めている人に届くことを願って。

性能とデザインの家づくり
北海道の工務店と建てる。
編集長　大成 彩

SUDOホーム（須藤建設）「伊達市・Kさん宅」　photo：Kei Furuse

Replan北海道 特別編集
性能とデザインの家づくり
北海道の工務店と建てる。
2023年版

編集・発行　株式会社 札促社
■ 札幌本社
〒063-0004
北海道札幌市西区山の手4条3丁目3-29
TEL.011-641-7855（代表）　FAX.011-325-5588
■ 仙台支社
〒983-0036
宮城県仙台市宮城野区苦竹3丁目1-6 STUDIO 080 F3
■ URL
https://www.replan.ne.jp

定価：1,200円（本体：1,091円）